检察技术与信息化

总第 005 辑
2014 年 第 3 辑

Procuratorial Technicalization And Informatization

总 主 编　李如林　——典型案例集
执行主编　赵志刚

序 言

随着科学发展、技术进步，犯罪手段日新月异，职务犯罪呈现智能化、科技化的趋势。检察技术作为检察机关执法办案和法律监督的重要手段，发挥着不可替代的作用。在国家科技发展和法律体制改革的大潮下，检察技术迎来了快速发展时期。

为适应新形势下的检察技术工作，在《刑事诉讼法》修订实施一年之际，最高人民检察院印发施行了《人民检察院法医工作细则》和《人民检察院文件检验工作细则》，从制度层面规范了检察机关法医、文检工作的范围和内容、受理和审查程序以及鉴定人出庭等工作，进一步规范了检察技术工作，对于加强检察技术在执法办案和法律监督中作用的发挥，促进技术性证据审查工作的开展，逐步建立更加科学、规范、完整的检察机关技术工作制度体系具有十分重要的意义。

本次典型案例征集活动，是我们提升技术工作水平、激发广大技术人员参与执法办案与法律监督活动的又一重要举措。令人振奋的是，此次活动得到了全国检察技术人员的大力支持和积极响应，共收到技术性典型案例 240 余篇，涉及面广、质量高，充分反映了近年来全国检察技术部门取得的新成果和新经验，展示了检察技术工作的新成就。我们从中精选了 40 篇具有启发、指导、借鉴意义的典型案例，编撰成集，对各方面了解检察技术的发展状况，加强技术人员之间相互交流，进一步提高业务工作水平大有裨益。也希望通过此次活动，激发广大技术人员的工作热情，培养研究的兴趣，促进检察技术与职务犯罪侦查、诉讼监督等业务工作的深度融合与深入应用，加强检察技术协作配合工作机制建设，推进技术性证据审查工作科学规范发展。

当前，司法改革、检察改革不断深入，检察技术工作处于攻坚克难的关键时期，同时职务犯罪趋向科技化和智能化，犯罪分子利用高科技手段实施犯罪的情况越来越突出，作为检察工作的重要内容，检察技术工作必将在检察办案中发挥重要作用，希望全国检察技术人员紧紧抓住司法改革和检察改革的契机，适应发展需求，大胆创新，勇于担当，推进检察技术工作再攀高峰。

是为序言。▲

■最高人民检察院技术信息研究中心主任　赵志刚

目录

5 / "我在场，决不让公正缺席"
——记"全国模范检察官"、福建省漳州市人民检察院刘龙清同志

文 | 福建省漳州市人民检察院

声纹鉴定案例

痕迹案例

理化案例

心理测试案例

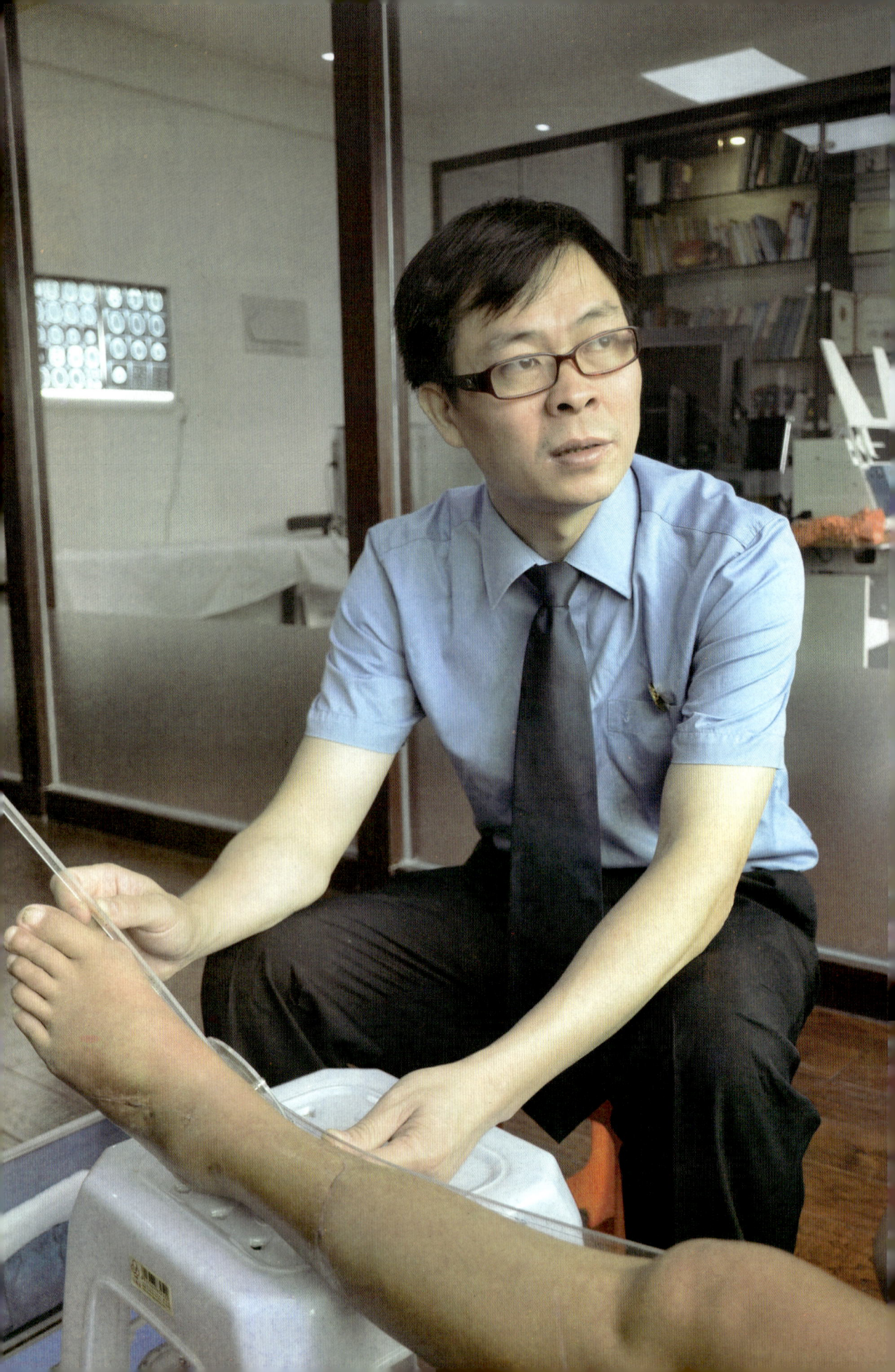

"我在场，决不让公正缺席"

——记"全国模范检察官"、福建省漳州市人民检察院刘龙清同志

文 | 福建省漳州市人民检察院

刘龙清，男，1972 年 3 月生，福建省漳州市人民检察院技术处正科级检察员、副主任法医师、福建省检察业务专家。他先后被授予"全国最美检察官提名奖"、"全国检察技术先进个人"、"福建省先进工作者"、"福建省优秀共产党员"、"福建省五一劳动奖章"、"第九届福建省职工职业道德建设十佳标兵"、"第八届福建青年五四奖章标兵"、"感动漳州十大人物"等荣誉称号，荣立个人一等功一次、三等功两次。福建省漳州市芗城区第八届人大代表。漳州市人民检察院成立以刘龙清个人名字命名的"劳模工作室"，是福建省检察系统首个劳模工作室，被福建省总工会授予"示范劳模工作室"和"工人先锋号"称号。

他，是医生，却一身制服；是检察官，又多一身白大褂。

在常人眼里，法医总是和死尸、腐臭、血腥、恐怖联系在一起的，被认为是个冰冷的职业。

身为法医的刘龙清，却是阳光热情的。刚过不惑之年的他，面容白皙，鼻梁上架着一副眼镜，总是未语先笑，一副文质彬彬、儒雅敦厚的样子。

上个月，刘龙清又捧回了一个大奖——"全国模范检察官"，这是我国检察官的最高荣誉，也是对他从事法医工作的充分肯定和极大鼓舞：15年来，他解剖尸体259具，文证审查和出具司法鉴定意见1.25万余件，发现并纠正了355件错误鉴定结论，经他复核的鉴定全部被法院采纳，无一错案。

"我在场，决不让公正缺席！"刘龙清说，"法医的一刀一笔，关系着当事人的生杀荣辱，关乎着公平正义。我希望自己能对得起活人，对得起死者，更对得起自己。"

一、练就一身过硬技术，明察秋毫公正断案

1998年7月，芗城林某轻伤害一案，以血淋淋的事实让初当法医不久的刘龙清强烈感受到，维护公平正义是多么沉重的责任。

林某与宋某因土埕之争引发斗殴，原鉴定以林某额部创口4.5cm而鉴定为轻伤，据此，公安机关欲抓捕宋某。突如其来的灾祸以及巨额赔偿的压力，让宋某丈夫难以承受而自杀。刘龙清参与了该案件审查，重新鉴定时却发现，林某额部存在伤情造假，真实创口只有2.0cm，为轻微伤。

一个错误的鉴定导致了一个人自杀，这个案件深深触动了刘龙清。从此，"技术要过硬、鉴定要公正"的信念，便在刘龙清的心里扎下了根。

2003年7月，云霄县周某因分家引发的不快，用石头砸向父亲，将父亲赶出家门。随后，邻居在附近发现，老人已死亡。原鉴定认为，周某用石头砸伤老人额部，致其脑损伤死亡。逆子杀父，一时备受社会各界指责。

刘龙清受委托负责该案的审查，通过尸体解剖，他发现了一个重大疑点：老人的颅脑实质无明显损伤。周某父亲到底是怎么死的？

为了还当事人一个公道，刘龙清来到周某父亲居住地进行细致调查，发现老人生前患有严重的心脏病。面对各界压力，刘龙清拿出专业鉴定，认为老人是心源性猝死，而不是颅脑损伤致死。最终，法院采纳了他的意见。一个原本可能被判处死刑的嫌犯，因为刘龙清的审慎审查，最终以故意伤害致人轻伤罪，判处有期徒刑3年。

刘龙清说："死里逃生的周某没见过我，但我相信他感受到了检察机关的公正！"

正是这种追求公正的信念，使他勇于担当，从不迷信权威，努力把每一个案件办成铁案实案。

2011年5月，陈某因琐事被人踹伤肋部。经医院检查，她的左季肋区第5~12肋骨均骨折。案发后，公安机关聘请专家会诊，认为陈某7处肋骨骨折均为陈旧伤，与本次伤害没有关系，并据此鉴定她为轻微伤。陈某不服，坚称有新的骨折，强烈要求重新鉴定，否则就去上访。

刘龙清毅然接手了案件，并提出等待3个月再用核CT检查，视肋骨骨痂生长情况再比对原有CT片才能下定论。最终检查结果显示，陈某第5~9肋骨的骨痂正在消退，而第11、12肋骨的骨痂却连续生长，且这两处骨折部位的血运明显比第5~9肋骨部位的

血运丰富，说明第 11、12 肋骨断端较新鲜，是新伤。

这一鉴定结果，得到了原会诊专家的一致认同。刘龙清对陈某作出了轻伤的鉴定结论，陈某如愿拿到了 8 万元伤害赔偿款，送来了一面"为民伸冤宋慈再世"的锦旗。

二、从细微处服务群众，他让司法有了温度

刘龙清出生于长泰农村，他一直保持着朴实、善良、热心肠的农民本色。

2012 年 8 月的一天，市区一名年仅 14 岁的男孩小张，因与弟弟争抢电脑玩游戏，挥刀砍向 10 岁的弟弟并扬言要杀他，致弟弟轻伤。公安机关调查后，将其定性为故意杀人罪。

案件审查时，刘龙清提出异议：当事人还是未成年人，如果定性为故意杀人罪，对孩子未来的成长以及整个家庭都是毁灭性打击。未成年人犯罪应以教育、挽救为主。

刘龙清反复与经办部门进行沟通，并和同事一起专程前往看守所，对小张进行心理辅导；走访小张的家人，做其弟弟的工作。

在刘龙清及其同事的努力下，2012 年 12 月 27 日，一场决定小张命运的听证会在芗城区人民检察院召开。在听取小张学校老师、街道办、司法局、团市委等多方意见后，检方对小张作出了附条件不起诉的决定，给予一年的观察期。今年 4 月，由于小张表现良好，检方再次作出了相对不起诉决定。

前不久，刘龙清打听得知，小张学习成绩优异，今年将参加中考，很有希望考上重

点高中，他倍感欣慰。

刘龙清说，每一起案件的背后，都是一个不幸的家庭，"人民检察官应当执法为民，让群众感受到司法的温暖"。

刘龙清每年接手的刑事案件鉴定不下百起，他始终坚持无偿鉴定，至今已为当事人节省鉴定费近百万元。

医疗纠纷属民事纠纷，原不属于检察机关的鉴定范围。从 2000 年起，刘龙清主动找到卫生部门，无偿承担起法医学最疑难的医疗纠纷解剖鉴定工作，至今已解剖 113 件，有效维护了医患权益，帮助化解了医疗纠纷。

2005 年 10 月的一天，刘龙清接到一个紧急任务：有一个新生儿在医院输液时突然死亡，家属认定责任在医院，双方就责任认定对抗激烈。

通过现场询问，刘龙清得到一个重要信息：婴儿是在输液换瓶后，突然间面色发青，四肢抽搐，不到 5 分钟就停止了呼吸。他立刻意识到，婴儿死亡的原因并非医院所诊断的肺炎致呼吸衰竭。

刘龙清立即对婴儿进行了全面的尸检，结束后他肯定地说："刚才我给婴儿做的是空气栓塞实验，阳性，婴儿系空气进入心脏致死，与输液有关。"他进一步解释，很可能是医护人员在换瓶时操作不当，误输入少量空气，新生儿的心脏小，5ml 就足以毙命。听完他的话，双方再无异议。

每次解剖完尸体，刘龙清都会像外科医生对病人那样，一针针认真缝好，清理干净，再为死者穿好衣裳。"对死者的尊重，也是对活人的一种安慰。"刘龙清说。

三、铸就一种高尚人格，坚守底线亦突破上限

常直面生死，感悟人生，这让刘龙清树立了更加乐观向上的生活态度。

刘龙清清楚地知道，法医的鉴定意见，对能否在执法中做到不枉不纵至关重要，对案件的定罪量刑也起着极其重要的作用。每每接到案件，他都恪守法医的职责，信奉着做人的良知。

曾经一起伤情鉴定，当事人吴某因伤情造假，在刘龙清为其重新拍片的过程中，几度欲以金钱收买，均被他断然拒绝。后来，吴某又托人前来说情，甚至进行威胁，但刘龙清始终不为所动。

花了一周时间，刘龙清硬是从几十万张 CT 片库存中，把吴某第一次到医院拍的正常片、吴某指使他人冒名顶替拍的假 CT 片以及顶替人摔伤住院拍的 CT 片都找了出来，查清了吴某伪造 CT 片诬告陷害案。

"坚守住廉洁的底线，但也要努力突破人生的上限。"看多了死亡，刘龙清更觉得生命的可贵，在事业上争取更大作为，努力创造"出彩"人生。

1999 年至 2000 年，刘龙清在检案时频频发现"脑震荡"轻伤案例。两年间，他共受理了近 40 个脑震荡案件，经重新鉴定只有 1 件达到轻伤标准。这让刘龙清陷入了思索：脑震荡能否作为脑部轻伤的鉴定依据？

脑震荡是脑部的一种轻微损伤，头部损伤确证出现短暂的意识障碍和近事遗忘可以鉴定为轻伤。"可什么是'短暂'，几秒、几分钟都可以；而近事遗忘主要靠当事人自述。"

经过细致调查分析，刘龙清撰写了《脑震荡的鉴定》一文，在全市法医研讨会上获得一致认可。此后，全市法医再没鉴定脑震荡案件。今年开始实行的《人体损伤程度鉴定标准》，也因脑震荡鉴定标准的可操作性问题，把该标准取消了，印证了刘龙清及漳

州法医界的先见之明。

成为法医之前，刘龙清曾当了一年多的内科医生，是全院门诊量最多的医生之一。为何要放弃医生舒适的工作环境转做法医？刘龙清一脸坚定地说："医生守护的是人的生命健康，法医守护的却是社会的公平正义。即使让我再选择一次，我还愿意当一名法医。" ▲

真相不能"躲猫猫" 正义不能蒙眼睛

文 | 云南省昆明市人民检察院

　　2009年1月29日，24岁的云南玉溪北城镇男子李某因盗伐林木被晋宁县公安局刑拘，在看守所度过11天后却重伤入院，因"重度颅脑损伤"于12日凌晨6时57分不治身亡。对李某的死因，当地公安局给出的初步结论是因玩"躲猫猫"不慎撞墙致死。匪夷所思的死因，在网络迅速引起汹涌讨论，"躲猫猫"一词也成为热门的网络词语。时任中共中央政治局常委、中央政法委书记对此事件作出了严肃查办的重要批示，最高人民检察院曹建明检察长也作出重要批示，并派员指导办案。2月25日下午，最高人民检察院监所检察厅多名负责人抵达云南。2月27日，喧嚣多日的云南"躲猫猫"事件真相逐步浮出水面：云南晋宁县看守所存在"牢头狱霸"，李某确系被多次殴打致死。晋宁县公安局及其看守所相关负责人以及当班民警分别受到撤职、

记过等处理。

　　回顾"躲猫猫"事件的查办过程，客观、科学、公正的法医鉴定报告对整个案件的定性起到了至关重要的作用，为专案组迅速侦破该案提供了明确的侦查方向和重要的证据。法医鉴定结论得到了死者家属及社会各界的广泛认可，化解了社会矛盾、维护了社会稳定、树立了检察机关的良好形象。

一、案件办理主要的做法和体会

　　（一）各级领导的重视与支持成就了案件最后的成功办理

　　本案的检验鉴定工作得到了最高人民检察院、云南省政法委、云南省人民检察院、昆明市人民检察院各级领导的全力支持，2月24日上午最高人民检察院监所厅、渎职检察厅的领导听取了法医检验过程的详细汇报，同日云南省政法委孟苏铁书记作出了重要的

批示，要求法医尽快查明死因，为案件的调查处理提供客观、科学、公正的鉴定结论，并先后两次亲自听取了法医检验的汇报，云南省人民检察院王田海检察长、李波副检察长也对法医鉴定高度重视，并帮助法医解决各种实际问题。各级领导的关心和支持增强了技术人员战胜困难的信心和决心，法医工作人员和其他技术人员顶住压力，克服种种困难，日夜加班加点，不断深入现场进行各项检查。本着严谨细致的工作态度，又多次进行会检，最终出具了客观、科学、公正的鉴定报告，确认李某因多次受到外力打击致严重颅脑损伤致死的死因，圆满地完成了任务。

（二）鉴定人员有强烈的工作责任心和风险意识

李某 2 月 12 日死亡，而昆明市人民检察院技术处受理该案后在最短时间（2 月 13 日）即对尸体进行了全面系统解剖，并提取了相关检材进行病理和毒化检验。在尸检过程中发现死者胸部体表有擦挫伤，左胸第五肋肋骨骨折，胸骨体骨折；头部检见广泛帽状腱膜下出血，硬膜下少量出血，局部脑挫伤，未发现颅骨骨折。后查阅死者住院的头颅 CT 片：中线移位明显，脑室受压变形，右颞部硬膜下出血不多。手术记录：清除血肿 40ml。根据上述情况法医分析认为，胸部损伤为外力打击所致，但颅内出血不多，脑组织肿胀非常明显，应当确认或排除外力以外的其他因素参与了颅脑损伤。鉴于死因重大复杂，昆明市人民检察院技术处一方面积极准备完善相关检验材料，另一方面火速向省检察院技术处汇报，省检察院技术处大力支持工作，派出法医专家全程参与相关的法医检验工作。15 日收集了详细的材料，20 日组织数位知名医学专家进行了会检。从 13 日开始，媒体等各种因素开始对该案进行炒作，使该案迅速升温，短期内演变成为国内外社会关注的焦点问题，如若在案件发生初期鉴定人员不重视，工作不细致，检验结论必将受到影响，后果将不堪设想。因此，在检案办理中，检查必须规范细致，提取检材必须全面，所有技术证据不能因其小而不重视，所有检验工作都要认真、细致、全面，不留遗漏。

（三）重视和坚持会检制度

会检中专家对颅脑损伤的形成原因，胸部损伤的成伤方式和损伤时间等对该案定性起到关键作用的技术问题作出了科学分析和准确判断，使检验鉴定在该案办理过程中起到了不可替代的作用。

（四）检验鉴定程序必须按照法定程序

在检验鉴定整个过程中，我们严格按照法律法规和最高人民检察院、云南省人民检察院的要求进行，严格执行各项规定要求。因此，使该案整个检验鉴定过程较顺利地进行，没有引起任何矛盾和纠纷。

（五）正视困难，积极协调，确保工作任务顺利完成

在成功办理该案的同时，我们也清醒地看到，目前检察机关司法鉴定工作还存在专业人员理论水平还不够高，业务能力还不够强，设备落后等问题，尚不能很好地适应承办疑难重大复杂案件的要求，与公安机关的技术工作相比，还存在较大差距。检察机关的司法鉴定工作，其法律地位独特，既行使司法鉴定职能又行使法律监督职能，人民群众对我们寄予厚望，一旦鉴定结论有误，后果不堪设想。要实现科技兴检的目标，检察机关的司法鉴定工作任重道远。我们将努力

解决检察机关司法鉴定存在的问题，使检察技术更好地为检察事业服务、为维护公平正义服务。

二、该案的技术特点

经过检验发现死者生前有严重的颅脑损伤，胸骨、肋骨有骨折，死亡原因为严重颅脑损伤，但是本例法医检验确定死因并不能够起到明确案件性质的作用。本例检验的关键是颅脑损伤及胸骨、肋骨骨折形成的原因，只有明确损伤形成的原因才能从技术上明确案件的性质，而确定损伤形成的原因，最佳的切入点是运用生理学、病理学、损伤形态学来确认李某软组织损伤、颅脑损伤和胸肋骨骨折损伤的时间。

（一）身体各部位损伤时间的分析

1. 软组织损伤时间认定

擦伤未超过2小时者，见损伤区低于周围皮肤，局部有液体渗出，较湿润；伤后3~6小时，真皮毛细血管扩张，损伤表面渗出的液体开始干燥，伤后6~24小时逐渐形成痂皮；24小时后，损伤边缘的上皮细胞体积增大，并形成明显的胞浆突起，上皮细胞在痂皮下从周边逐渐向中央生长，3天左右，痂皮从边缘开始剥离。

本例左耳廓裂口已结痂、右额部擦挫伤、右胸季肋部擦挫伤系新鲜损伤，损伤时间在3天左右。

2. 颅脑损伤的时间认定

新鲜的脑挫伤肉眼观局部脑组织形态没有明显变化，表面有的可见黄色或红色出血灶。切面上可见挫伤多特征性地位于脑回顶部，轻者呈斑点状、条纹状，典型的挫伤呈楔形，楔底在脑皮质表面，楔尖伸向白质；重者上述病变累及几个脑回。但邻近的脑沟皮质并不被波及。脑挫裂伤时，损伤局部脑组织形态及结构变化明显，肉眼观时局部表面的软脑膜破裂，切面上损伤改变较脑挫伤时重，有的可伸入皮质下的白质区。镜检见脑挫（裂）伤局部出血充满红细胞，局部神经细胞坏死消失，周围脑组织挫碎、坏死；散在点状出血及水肿明显。常可见星形胶质细胞迅速反应性增生肿胀，肿胀的胶质细胞形状变大；胞浆嗜伊红性，均质状；核固缩，甚至消失。伤后 6~7 小时死亡者，可见明显的中性粒细胞浸润。挫伤局部皮质出血有时呈条纹状，镜检为垂直于脑皮质表面的裂隙状血管周围出血，此与病理性皮质内出血不同。挫（裂）伤局部蛛网膜下腔或硬膜下多伴有漏出性出血。经过数周、数月或更长的时间，新鲜脑挫（裂）伤变为陈旧性脑挫（裂）伤，此时肉眼观见挫（裂）伤局部脑组织凹陷，与表面的软脑膜黏连。因有含铁血黄素产生并沉着，因而局部呈黄色或黄棕色。如果挫（裂）伤范围较大，则挫（裂）伤灶内脑组织坏死、液化成黄色或黄棕色液体，周围有纤维包膜环绕而形成囊腔。有时形成永久性裂隙。镜检时，出血灶内的红细胞已溶解，见坏死的神经细胞周围有小胶质细胞为主的细胞浸润（卫星现象），较多由小胶质细胞吞噬富有脂质的坏死脑组织后形成的泡沫细胞，有的亦称为格子细胞，以不太陈旧的挫（裂）伤灶内较多见。病灶内还可检出含铁血黄素染成阳性的细胞。晚期病灶周围纤维组织增生，形成囊壁与软脑膜、蛛网膜黏连。广泛的脑挫裂伤可在数周后形成外伤性脑萎缩。如软脑膜与蛛网膜黏连，可影响脑脊液吸收而形成外伤性脑积水。

本例右额部头皮部擦挫伤，右颞顶部帽状腱膜下出血，硬膜下出血，出血范围波及额、颞、顶、枕，局部脑组织挫伤，小脑、脑干及局部大脑区域多灶性脑挫伤并弥漫性脑水肿，局部蛛网膜下腔出血，双侧小脑扁桃体疝形成，脑血管血栓性栓子栓塞，多灶性脑梗死（以脑干、小脑区域为明显）。损伤呈现出广泛、多次、新旧不等的特征，损伤时间推断为 2~7 天。

3. 胸骨、肋骨骨折损伤时间认定

骨折后，断端髓腔内、骨膜下和周围软组织内出血形成血肿，并凝成血块，引起无菌性炎症，形成肉芽组织并转化为纤维组织。与此同时，骨折断端附近骨内、外膜深层的成骨细胞在伤后短期内即活跃增生，约一周后即开始形成与骨干平行的骨样组织，由远离骨折处逐渐向骨折处延伸增厚。骨内膜出现较晚。

本例胸骨、肋骨骨折，两处骨折断端出血吸收情况及断端周围组织愈合情况对比分析，胸骨骨折为新鲜损伤，肋骨骨折相对陈旧，两处损伤系先后不同的时间段打击形成，两处损伤的特征推断形成时间都在十天以内。

4. 排除入所前损伤

法医调取李某入所体检表，身体健康情况良好，可以初步认定胸肋骨及颅脑损伤为入所后的损伤。

（二）损伤时间的综合确定与案件性质关系的分析

本例未检见各类机械性窒息的形态特征，可排除机械性窒息死亡；未检见常规毒（药）物，可排除因所检毒（药）物中毒死亡因素；未检见自身性疾病，可排除自身潜在性疾病死亡因素。在排除其他死因作用下，只有两种可能：1. 如果李某躯体多部位损伤为新鲜的、一次打击形成的，那么结合案情该案的性质可以考虑为看守所内嫌疑人斗殴的突发意外事件；2.如果李某躯体多部位损伤系多次打击形成，那么客观检验与初步调查存在分歧，案件性质需要进一步明确。

本例李某的损伤呈现出广泛、多次、新旧不等的特征，说明李某入所后曾先后不同时间段，多次被打，与"躲猫猫"撞墙意外身亡的说法不符，通过对损伤时间的综合确定，最终达到客观检验否定主观，客观证据平息各种猜测的良好效果。

（三）法医在命案检验过程中完成常规的尸表检验、尸体检验、病理检验、毒化检验、物证检验等检验内容的同时，一定要突出重点，应当采用普遍撒网，重点抓鱼的办法，应当理论结合实际，结合案情，灵活运用各种科学手段。

推荐理由

1.社会效果方面：鉴定结论得到了死者家属及社会各界的广泛认可，化解了社会矛盾、维护了社会稳定、树立了检察机关的良好形象。

2.专业水平方面：案件办理过程中重点突出，凸显了办案人员扎实的理论功底，采用普遍撒网，重点抓鱼的办法，理论结合实际，结合案情，灵活运用各种科学手段。

最高人民检察院在该案件办理后作出评价，云南省及昆明市人民检察院技术处认真贯彻中央政法委及最高人民检察院有关指示精神，高度重视，严密组织，严格程序，组织对"躲猫猫"案件进行了法医司法鉴定，为揭开案件真相、化解社会矛盾、维护公平正义发挥了积极作用。▲

颅骨骨折致伤工具的法医学复核鉴定

文 | 湖北省恩施州人民检察院　　廖斌雄　向爱和

一、简要案情

犯罪嫌疑人刘某与一离异妇女李某共同生活两年后，李某不辞而别。刘某怀疑李某系同村村民余某拐走，于是便向余某讨要寻找李某的误工费并与其产生矛盾。2005 年 1 月 19 日 11 时许，刘某电话邀约其弟刘某某等人再次到余某家讨要误工费。刘某某接到电话后随身携带活动扳手赶往余某家，进屋即用扳手猛击余某的头、肩等部位。刘某随即用木靠椅猛击余某的头部。余某因伤势严重，被送医院抢救无效于次日晚死亡。

二、审查及办理过程

2005 年 8 月 25 日，公诉处以涉嫌故意伤害致人死亡案件送我处进行法医学文证审查。我处法医对照尸检照片对原尸体检验记录进行了认真审查，认为死者余某左颞部损伤应由接触面较大的钝器作用后形成，就本案而言，木椅打击可以形成该类型损伤。然而公安机关在起诉意见书中认定为扳手作用余某

头部致其死亡，并对犯罪嫌疑人刘某某依法执行逮捕，而对犯罪嫌疑人刘某取保候审。本案犯罪嫌疑人系多人持不同致伤工具导致被害人死亡。我们对案件认真审查后发现原法医鉴定中未对致伤工具作出明确的认定，到底是什么工具作用于头部致余某死亡应予以明确。

为了查明真相，使有罪之人受到法律的严惩，我处于 2005 年 9 月 2 日与案件承办人一同赶赴被害人余某的住址，在其母亲同意下对死者进行开棺检验。经检验发现：尸体高度腐败，部分白骨化，头颅左顶部见近圆形弧线状骨折，相应颅骨内板见明显 "Y" 形骨折，颅底骨折。经死者家属同意，我们提取全颅以备检验。

我们对颅骨进行处理后发现：左顶部骨外板近环行骨裂纹长 10cm，两端相距 6cm；其间见长 3cm 的纵行骨折线，其上端与骨内板的 "①Y②③" 形骨折线中心点相对应，

骨内板 "①Y②③" 形骨折，其骨折线①、②、③分别长 3cm、2.4cm、3.4cm；骨折线③与外板长 3cm 骨折线相对应；另一条骨折线从左颞顶部经颞部至颅中窝，长 11.3cm，在颅中窝处又向前后分裂，分别长 4.8cm、5cm，颞部裂隙处最宽，达 0.15cm。根据颞顶部头皮较大范围的挫伤，头皮无裂创，且相应颅骨骨折处无骨质压痕，分析认为其损伤为质地较硬且作用面较大的钝器打击所致，案件中所涉及的木椅打击可以形成。

为慎重起见，我处于 2005 年 9 月 12 日将全案卷宗和全颅送湖北省人民检察院技术处，委托其对余某的死因及致伤工具推断进行鉴定。湖北省人民检察院技术处于同月 21 日会请省公安厅、省高级人民法院、武汉市公安局法医专家和武汉同济医学院法医教授查阅了卷宗并进行了讨论，后出具了法医学鉴定书（鄂检技法医鉴字〔2005〕第 15 号）一份。该鉴定认定左侧颞顶部肿胀 20cm×10cm 并见 1cm×1cm 的表皮剥脱区，相应处颅骨骨折并延伸至颅中窝，硬膜下血肿，脑组织挫伤，枕骨大孔疝形成。结合尸解照片及提取的死者余某颅骨骨折特征，认为此损伤为接触面积比较大、打击力量大的钝性物体打击所致，现场提取的木椅打击可以形成该类损伤。

三、审判情况

2005 年 12 月 7 日至 8 日恩施州中级人民法院进行了公开开庭审理，2005 年 12 月 23 日，该院判决书认定：被告人刘某邀约刘某某及其家人前往被害人家闹事，并用木椅殴打被害人余某，在本案中起主要作用，系本案主犯；被告人刘某某受刘某的邀约后携带扳手到被害人家中，并首先对被害人进行殴打，是引发双方斗殴并导致被害人死亡后果的主要原因，亦系本案主犯，且应承担相对较重的刑

事责任。最终法院判决被告人刘某某犯故意伤害罪，判处无期徒刑，剥夺政治权利终身；被告人刘某犯故意伤害罪，判处有期徒刑 15 年，剥夺政治权利 5 年。

四、本案启示

通过对本案的复核鉴定，认为原法医鉴定对致伤物和致伤方式的分析失误存在的原因有如下几点：1. 对致伤物的特征把握不全；2. 对损伤特征观察不仔细，且在尸检时未对头部擦拭干净，在 "H" 骨折的描述中对内板骨折与外板骨折相对应情况未注意；3. 对颅骨骨折发生的力学特点掌握不够。

颅骨骨折的发生，其根本机制是颅骨的变形。颅骨由于它的解剖组织学特点的原因，其抗拉强度远低于抗压强度，在直接受力的局部发生变形是最常见的。此时受力局部的颅骨向内弯曲，该处内板所受牵拉力最大，如果超过其抗拉强度，则内板首先骨折；如果受力局部颅骨外板所受压力没有超过其抗压强度，同时外力停止作用，此时仅表现为内板骨折。受力中心四周的外板因弯曲变形也受到牵拉，如果超过了其抗拉强度，也会发生骨折；如果外力作用很大，超过了受压局部颅骨抗压强度，则使受力中心的外板发生骨折，此时就会发生凹陷或孔状骨折。颅骨整体变形常见于致伤物作用面较大且作用力较强时，且骨折多为线性骨折，少为凹陷骨折。当头部受到接触面较大的钝器打击时，颅骨常沿力的轴线缩短，而与此轴呈直角的直径相应的延长，颅骨整体变形的骨裂最先出现在赤道附近，并沿经线向两极发展。任何外力凡能改变颅骨的外形时，不论其打击的部位如何都容易引起颅底的骨折。当头部一侧受到较大面积的钝器作用面碰撞，且作用力较大时，可发生颅骨整体变形而发生颅

骨骨折，此时骨折线在颅盖部受力的远方。头部一侧受到较重的、作用面较宽或平坦的钝力打击或碰撞，其受力处颅骨变形程度较头部两侧或两端同时受力时要轻。此时可在着力处发生较长的线状骨折，并从颅顶延伸到颅底。颅顶骨在受到钝物打击的局部外板受压处常不易发生骨折，而受压周围外板弯曲变形、内板拉伸力作用最大处较易发生骨折。

本案中颅骨就是在较大的外力作用下颅骨外板受压缩，内板则遭牵张，因此，在内板发生"Y"形骨折，部分骨折线延伸，骨折变深，伸达颅骨外板。本案中死者头部较长的骨折线经过颞部，且颞部处的裂隙最宽达0.15cm，其骨折系全颅受到外力作用后，发生整体的变形，从颞部开始发生骨折后向两端延伸，分别达颅顶和颅中窝，由于颅底骨质薄弱，且有许多骨孔，厚薄悬殊，更容易发生骨折，因而有在颅中窝发生骨折线分叉

的情况。颅盖骨骨折约有20％延伸到颅底，以颞骨合并颅中窝骨折多见。颅底骨折为间接外力作用所致或由颅盖骨折延伸而来，间接外力作用于头部造成颅骨整体变形，一般颅底骨折均属线形骨折。金属钝器类的损伤，由于其质地坚硬，打击力集中，常可在骨质表面形成压痕或擦痕，本案中颅骨损伤较严重，如果为扳手作用则颅骨外板应有一定的表现，而在尸检中没有发现相应的损伤，故予以排除。本案中颅骨骨折应系颅骨受到一次较大力量打击后引起局部骨折的同时，由于颅骨整体的变形再次形成骨折。▲

一波三折，鉴定意见定乾坤

文 | 江西省人民检察院　　罗赟

一、简要案情

2013年2月28日8时40分许，江西饶州监狱服刑人员陈某（男，51岁）因神志不清被送入监狱医院治疗，10时30分被转送到万年县人民医院救治并实施了手术。3月2日下午，陈某被转往南昌解放军第九四医院救治。3月5日凌晨1时，解放军第九四医院宣布：陈某经抢救无效死亡。

上饶珠湖地区人民检察院接到报告后进行了初步调查。当时，分监区长虞某对服刑人员陈某批评教育时，陈某不予理睬，虞某遂用拳头在陈某的背上打了两拳，陈某当时就坐在地上，虞某又走上前去，用手打了陈某的嘴巴。见到陈某嘴角流血，于是就安排四名线长将其扶到洗漱间将嘴角的血洗掉。之后虞某又在晾衣间内教育了陈某，时间长达十多分钟，第二天陈某就因神志不清被送往医院救治，并最终死亡。那么到底是什么原因导致了陈某死亡，在晾衣间内的十多分

钟里到底发生了什么？虞某是否真的就只打了陈某几个耳光？为查明陈某的真正死因，珠湖地区人民检察院决定：委托江西省人民检察院司法鉴定中心对陈某的死因进行检验鉴定。

二、检验过程

江西省人民检察院司法鉴定中心接受委托后，立即安排法医着手准备工作。在法医进行尸检前准备工作时传来消息，死者陈某的家属不同意全面尸检，法医立即赶往家属所在的景德镇市与死者家属见面并听取他们的想法。经过了解得知，全面尸检会破坏死者全身的完整性，而在当地风俗中死者要全身完整才能视为"入土为安"，况且目前已基本明确死者是被狱警打死的，家属认为没有必要再进行全面尸检，只看看尸表就可以。了解家属的本意后，法医与家属进行了耐心的沟通并使其知道，法医的鉴定意见只有在作一个完整的解剖后才能得出，只看尸表是

没办法作出鉴定意见的，不查出真正的死因，就更对不起死者，也更不能算"入土为安"。最终家属解开了思想枷锁，同意法医对死者进行全面尸检。

之后，法医认真做了尸检前的准备工作，详细研究了案卷材料、医院病历。从病历、CT 上看死者因左侧额颞顶部硬膜下血肿，蛛网膜下腔出血，左侧额颞顶枕叶、左侧基底节区梗塞，右侧颞顶部头皮血肿于万年县人民医院进行左侧额颞顶部硬膜下血肿清除和去骨瓣减压手术，术后发生左侧额颞顶枕叶出血性梗死、脑水肿并脑疝形成。在研究了卷面材料之后，法医来到了案发现场。现场是一间晾衣间，地上和墙面都铺满瓷砖，墙面高约 90cm，按犯罪嫌疑人的说法，当时只是打了几下陈某的嘴巴，并没有推搡，陈某也没有摔跌，那陈某怎么会出现右侧颞顶部头皮血肿？又怎么会有严重的颅内血肿呢？

带着疑问法医开始了尸检，为不放过任何疑点，法医把每个细微之处都切开了。尸检中死者右下唇黏膜见三处裂创，右颞顶部见散在小点片状表皮剥脱，右颞顶部见 8cm×6cm 头皮下出血，右颞肌见 7cm×6cm 出血。左颞、顶骨大部分缺失（开颅手术），左侧大脑额、颞、顶、枕叶于 15cm×10cm×6cm 范围内见多处散在出血，该处部分脑组织缺损，侧脑室见积血。至此，法医心里对陈某的死亡原因有了初步结果。尸检结束后，法医将提取的器官组织分别进行病理组织学和毒化检验。

三、鉴定释疑

由于犯罪嫌疑人一直坚称仅打了死者几个耳光，而现场又没有目击证人和监控录像，导致案件一直没有进展。在等待毒化检验结果时，法医再次接到办案人员打来的电话，询问在尸检中是否发现了什么情况？可否提

供一些线索？法医为此特地来到珠湖地区人民检察院，向办案人员讲解了尸检的详细情况。而此时办案人员却说，犯罪嫌疑人又交代当时死者被打耳光后坐在地上并一直用后脑勺撞墙。法医听了之后说，从尸检的情况来看死者头皮血肿位于右侧颞顶部而颅内血肿损伤则在左侧，极可能死者是在较大力的作用下导致右侧颞顶部碰撞物体后引起颅内的减速性损伤，右头部损伤为外伤的着力点，左头部脑损伤为对冲伤所致。如果按照犯罪嫌疑人所供述的是死者自己用头撞墙，则头皮血肿应该是在枕部，不可能会到颞顶部。办案人员在听完法医的讲解后认为自己被误导了，犯罪嫌疑人应该没有交代出真正的实情，而我们知道了大致的致伤方式就可以有针对性地去审讯。当鉴定文书出来时，办案人员告诉法医，犯罪嫌疑人也已交代当时在晾衣间内死者是坐在地上的，犯罪嫌疑人一脚踹在死者的面部导致其头部右侧向后撞到墙壁上。该案之后由上饶市人民检察院以故意伤害罪提起公诉，上饶市中级人民法院一审作出有罪判决，以故意伤害罪判处虞某有期徒刑十年。

四、检验鉴定的作用

（一）检验之前破解纠结

该案在进行检验之初就遇到家属不同意全面尸检的困难，法医抓住家属心里纠结的焦点，积极主动沟通，耐心说明其中缘由，最终取得了家属的信任，为开展全面尸检工作铺平了道路。

（二）检验之中解除疑义

在检验过程中，法医严格按照《省院检察技术处办理监管场所非正常死亡案件法医鉴定操作规程》的规定进行操作，法医曾在检验之前去看了案发现场，因此在检验过程

中，他们不放过任何一个细微之处，并通过解剖，解开了疑团。

（三）检验之后助力侦破

该案在侦查阶段，由于没有监控录像，也没有找到目击证人，犯罪嫌疑人的供述也一直反复，侦查人员束手无策，审讯一度陷入困局。法医根据尸检中发现的情况准确推测出死者的受伤方式，并将检验鉴定意见及时反馈给审讯人员。审讯人员拿着鉴定意见这个"尚方宝剑"，一举破除了嫌疑人的侥幸心理，使其交代了犯罪事实。

推荐理由

该案案情并不复杂，但由于近年来"躲

猫猫"、"喝水死"、"冲凉死"等事件的影响，媒体网络对监管场所死亡案件特别敏感，处理不好易导致社会矛盾激化，诱发社会不安定因素的发生。而在进行检验之初就遇到家属不同意全面尸检的困难，法医抓住家属心里纠结的焦点，积极主动沟通，耐心说明其中缘由，最终取得了家属的信任。之后又严格按照《省院检察技术处办理监管场所非正常死亡案件法医鉴定操作规程》的规定进行操作，使家属对法医作出的鉴定意见心服口服，还逝者以公道。

在该案中由于没有监控录像，也没有找到目击证人，犯罪嫌疑人的供述也一直反复，法医在检验鉴定过程中充分发挥主观能动性，根据尸检中发现的情况准确推测出死者的受伤方式，并将检验鉴定情况及时反馈给侦查人员，与侦查取证工作密切融合，为案件的一举侦破立下功劳。

综观该案整个证据体系，只有犯罪嫌疑人的供述和案件侦破之后才出现的目击证人的证言，而法医出具的鉴定意见其客观性远远高于上述言词证据，设想一下，如果没有法医的鉴定意见，该案的证据风险将大大增加。所以说，法医鉴定意见在该案中，就不仅仅是使整个证据链得到完善那么简单，甚至可以说，它是该案中的"证据之王"。▲

一起变更刑罚执行决定的法医鉴定案例

该案例是李沧区人民检察院探索暂予监外执行同步监督机制以来，所办的较为典型的案件之一，该机制是创新刑罚变更执行的检察监督方式，如何准确把握罪犯的病情，将检察系统外的医学专家会检意见纳入暂予监外执行同步监督工作大大提高了这项工作的质量，也为监所部门和技术部门相互配合开拓了新领域。

文 | 山东省青岛市人民检察院

一、简要案情

犯罪嫌疑人赵某某，女，40 岁，因涉嫌贩卖毒品罪，于 2011 年 9 月 6 日送至青岛市第一看守所羁押。看守所以赵某某诊断胸痛待诊、心肌炎、心功能 Ⅱ 级、急性胃炎为由暂不予收押。2011 年 12 月 30 日，被告人赵某某因贩卖毒品罪被青岛市李沧区人民法院判处有期徒刑 4 年 6 个月，并变更强制措施予以逮捕。2012 年 1 月 12 日李沧区公安分局再次将赵某某送押青岛市第三看守所羁押，看守所以其患心肌炎、冠心病（心功能 Ⅲ 级）为由暂不予收押。李沧区人民法院遂于 2012 年 1 月 13 日对被告人赵某某变更强制措施予以取保候审。

李沧区人民法院依据与李沧区人民检察院会签的《关于规范决定暂予监外执行监督工作的意见（试行）》，启动决定暂予监外执行监督程序，邀李沧区人民检察院同步监督。李沧区人民检察院监所部门按照同步监督机制委托技术部门做鉴定。因赵某某病情较为复杂，李沧区人民检察院委托青岛市人民检察院技术处对赵某某是否符合《罪犯保外就医疾病伤残范围》进行鉴定。青岛市人民检察院技术处邀请两位心内科医学专家共同对赵某某进行了身体检查，并对疑难问题进行了讨论。

二、案件特点

受检人中年女性，神志清，精神差，营养一般，自述胸闷、憋气、胸痛，检查结果：BP：144/76mmHg HR：100 次 / 分，双肺呼吸音清，无干湿性罗音，律齐，心音可，各瓣膜听诊区未闻及病理性杂音，腹平软，无压痛及反跳痛，肝脾未及，双下肢无水肿。根据法医活体检验，结合赵某某病历材料，赵某某以心悸、胸闷、胸痛为主要表现，既往查心肌酶明显增高，心电图示 ST-T 改变，考虑心肌炎诊断成立，至法医检验时上述症状仍时有发生，其心电图有 delta 波，考虑为间

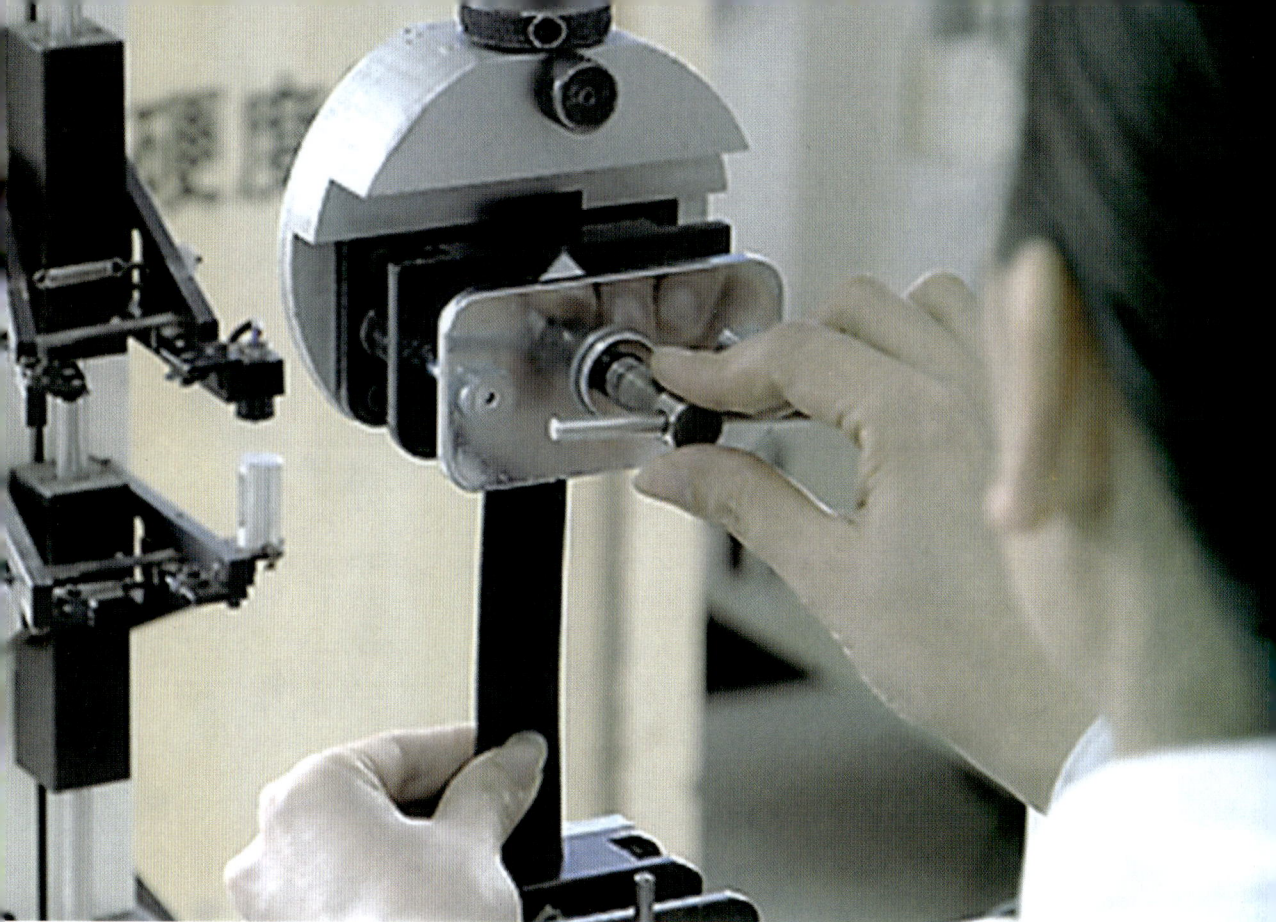

歇性预激综合征；其 24 小时动态心电图结果提示间歇性预激综合征，伴有阵发性窦性心动过速。

检验时受检人仍述胸闷、憋气、胸痛等，结合既往病史、临床表现、体征及检查化验结果，认为其心肌炎、预激综合征（间歇性）诊断成立。赵某某虽有胸闷、憋气、胸痛等表现，但多次住院病历均记载其双肺呼吸音清，无干湿性罗音，无肝脾肿大，无双下肢水肿等体征，其脑钠肽（PRO-BNP）检验略高于正常水平，心脏超声示左室舒张功能降低，但其射血分数（EF%）为 77%，心室收缩功能正常，结合法医检验分析认为，赵某某虽患心肌炎，但缺乏心功能Ⅲ级的体征及辅助检查结果支持，其心功能Ⅲ级的依据不充分。法医结合医学专家会诊意见，根据《罪犯保外就医疾病伤残范围》第 2 条之规定，提出赵某某的疾病不符合《罪犯保外就医疾病伤残范围》的鉴定意见，并出具法医学鉴定书。法院采纳了检察机关法医的鉴定意见，最终

没有决定对赵某某暂予监外执行。

三、案件办理所取得的技术创新与法律效果、社会影响

（一）技术创新

自 2005 年法院依照全国人大常委会的决定不开展司法鉴定工作以来，屡有罪犯伪造病情骗取法院暂予监外执行决定或者法院决定暂予监外执行不当的案件发生。为监督法院决定暂予监外执行过程依法、规范进行，近年来，李沧区人民检察院积极探索，创新工作机制，建立对法院决定暂予监外执行活动同步监督机制。在对法院决定暂予监外执行活动同步监督过程中，李沧区人民检察院技术部门与监所部门互相配合，应邀参与法院拟决定暂予监外执行罪犯的病情调查，受托对罪犯的诊断文书进行技术性证据审查，对疑难复杂案例委托上级院技术部门进行法医鉴定，明确他们的病情是否符合保外就医条件，从而堵住了一些企图蒙混过关者，也

使那些病情严重者能及时获得监外医治条件，在保障罪犯合法权利、维护法律的统一正确实施方面均取得良好成效。

在实践操作上技术部门法医参与同步监督机制主要体现在如下三个方面：1.人民法院、人民检察院对重新检查病情的，应共同协商选择复查的医院，技术部门法医与监所部门一起研究决定该医院是否符合资格条件，确保罪犯体检在符合条件的医院进行。对罪犯查体时应当选择有病残鉴定资格的医院，传染病可以选择相对应的专门医院。2.技术部门法医对某些病情的检查项目严把质量关，全程参与对罪犯相关医学检查，使所检查的项目确实能反映罪犯病情，选择检查项目时要着重考虑：（1）所选项目要确保能正确判断病情；（2）选择项目时尽量节省花费实现人性化执法。3.保证罪犯体检结果的准确性，杜绝在体检过程中伪造检验结果等现象发生。监督在检查中是否弄虚作假，要重点做好：（1）认真核对罪犯身份，防止冒名顶替；（2）检查医院事前要对罪犯保密，最大限度地防止罪犯通过医院渠道对病情造假；（3）在检查过程中由检察人员全程陪同，防止检查过程中调包等。

检查后监所部门将病历及检验结果等材料委托技术部门法医对其进行复查，以确定医生的诊断结论是否正确。如有本院法医认为拿不准的案件，立即向市人民检察院技术处汇报，委托其对罪犯疾病是否符合《罪犯保外就医疾病伤残范围》进行鉴定，以确保案件质量。检察机关监所部门根据技术部门的审查意见或鉴定意见，综合其他情况得出对罪犯是否符合暂予监外执行条件的意见，并将鉴定意见及时反馈至法院。自2009年5月底建立对李沧区人民法院决定暂予监外执

行同步监督机制以来，技术部门法医共完成法医鉴定18件，其中认为不符合条件的为8件，鉴定意见均被法院采纳。

（二）法律效果及社会影响

《刑事诉讼法》第255条规定"监狱、看守所提出暂予监外执行的书面意见的，应当将书面意见的副本抄送人民检察院。人民检察院可以向决定或者批准机关提出书面意见。"该条为检察机关同步监督暂予监外执行活动作出了法律规定，打造了制度平台，保证了检察机关可以与法院等决定机关同时收到书面意见，从根本上扭转无法可依的局面，为同步监督及时介入决定过程提供必要条件，改变了检察监督被动局面，保障了检察机关同步监督机制顺利运行。同步检察监督能将刑罚变更执行全过程纳入检察视野，有其明显优势，青岛市检察机关抓住此次修法契机大胆尝试创新，完善工作机制，进一步强化了法律监督职能。

书面意见提出主体为检察机关，此书面意见也是检察机关对不符合暂予监外执行情形的及时纠正手段。因此如何保证书面意见的质量是同步监督能否取得成效的关键所在，青岛市李沧区人民检察院通过构建同步监督流程来保证书面意见质量。保证同步监督质量关键之一是采取什么手段来保证病情检查的真实性，病情诊断结果是否符合暂予监外执行条件。

青岛市李沧区人民检察院在探索同步监督时采取与法院进行协商的办法，与法院建立了决定暂予监外执行同步监督机制，李沧区人民法院只要收到看守所或监狱提出暂予监外执行的书面意见，就及时决定暂予监外执行程序，以函告的形式通知检察机关监所部门参与，并发出《关于罪犯病情商请调查

函》，同时移送相关判决书副本、门诊病历资料原件和（或）住院病历复印件、诊断证明书原件、不予收押凭证复印件等。检察机关法医在收到后应当对人民法院移送的材料进行全面审查，在必要情形下应当作出对罪犯病情重新检查的意见，检察机关对决定重新体检的罪犯应当派员全程参与监督对罪犯的体检过程，人民法院应当将重新体检结果及诊断证明书原件提供给人民检察院，由检察机关法医对医院的诊断结论进行审查，该项机制有效监督和制约了法院的刑罚变更执行决定活动，拓宽了刑罚变更执行的检察监督方式，维护了法律的尊严。

李沧区人民检察院于 2009 年开始探索暂予监外执行同步技术监督机制，该机制是创新刑罚变更执行的检察监督方式，如何准确把握罪犯的病情，在机制中起着十分重要的作用，将检察系统外的医学专家会检意见纳入暂予监外执行同步监督工作必然会大大提高这项工作的质量，也为监所部门和技术部门相互配合开拓了新领域。

推荐理由

本院推荐的法医鉴定类案件是青岛市李沧区人民检察院探索暂予监外执行同步监督机制以来所办的较为典型的案件之一，该机制是创新刑罚变更执行的检察监督方式，如何准确把握罪犯的病情，将检察系统外的医学专家会检意见纳入暂予监外执行同步监督工作大大提高了这项工作的质量，也为监所部门和技术部门相互配合开拓了新领域。本案的成功办理保障了该院监督法院监外执行工作的顺利进行，有效监督和制约了法院的

刑罚变更执行决定活动，拓宽了刑罚变更执行的检察监督方式，维护了法律的尊严。▲

探索建立专家辅助人工作制度积极拓展检察技术应用领域

本案通过检察机关专家辅助人出庭，提高了庭审质证的科技含量，为公诉部门准确指控犯罪提供了强有力的技术支撑。同时，通过检察机关专家辅助人出庭，发表专业意见，平息了当事各方对鉴定意见的争议，既保障了庭审顺利进行，又促进定分止争，有效减少了今后可能发生的缠诉缠访问题。

文 | 四川省泸州市人民检察院
　　 四川省合江县人民检察院

根据修改后《刑事诉讼法》第192条的规定，公诉人可以申请法庭通知有专门知识的人出庭，就鉴定人作出的鉴定意见提出意见。四川省合江县人民检察院为适应修改后刑事诉讼法实施的新要求，围绕落实专家辅助人出庭规定，积极探索建立《专家辅助人工作办法（试行）》，着力发挥专家辅助人在出庭支持公诉、庭审质证等方面的作用，取得良好效果。

一、简要案情

犯罪嫌疑人王某，男，四川合江县人。2012年2月1日，王某与受害人温某（男，59岁）发生口角纠纷，在争吵过程中，王某用钢条殴打温某右侧腰部，经四川省合江县人民医院、四川省泸州医学院附属医院检查，诊断为：右肾挫伤伴血肿，右肾滤过功能中度降低，右侧第10、11肋骨骨折，住院治疗后好转出院。2012年6月21日，四川省泸州市公安局物证鉴定所根据《人体重伤鉴定标准》第92条、第68条规定，类推鉴定温某的损伤程度为重伤，后经西南政法大学司法鉴定中心重新鉴定其损伤程度为轻伤。

二、办案过程

公安机关侦查终结后，以王某涉嫌故意伤害罪移送四川省合江县人民检察院审查起诉。由于本案历经两次法医学鉴定，出现了"重伤"、"轻伤"两个不同鉴定意见，双方当事人均对此表达了强烈不满，并通过辩护人、诉讼代理人对鉴定意见提出了书面异议。无论是以重伤还是轻伤鉴定意见提起公诉，公诉部门均会面临巨大压力和诉讼风险。为了更有效地应对庭审中可能发生的风险和变数，确保庭审顺利进行，合江县人民检察院启动专家辅助人工作制度，指定该院主检法医师税卫平担任本案专家辅助人，向法庭提出了检察机关专家辅助人出庭申请，法庭予以准许。

2013年5月24日，四川省合江县人民

法院公开开庭审理了本案。由于本案争议大，社会关注度高，又涉及专家辅助人出庭这一新的庭审模式，吸引了众多听众，包括县人大代表、政协委员、律师及群众共达 100 余人参加了旁听。庭审中，在鉴定意见质证环节，被告方对指控犯罪的轻伤鉴定意见提出了异议，认为被害人的伤不是钢条打击形成的，否认对受害人实施了打击行为，提出了该鉴定意见依据不充分、鉴定程序违规等问题，要求法庭不予采信；而被害方也提出轻伤鉴定不符合自己所受损伤的严重程度，轻伤鉴定意见适用标准不当，要求采信对自己更为有利的重伤鉴定意见。

按法庭增设的专家辅助人出庭程序，合江县院法医以检察机关专家辅助人身份出庭。在法庭上，法医针对各诉讼参与人对鉴定意见提出的异议，全面分析了被害人损伤的形成机制、各类检查和诊断依据，阐述了相关轻、重伤鉴定标准的含义和把握原则，阐明

了轻伤鉴定意见在本案中更具客观性和科学性的依据。发表的专业意见注重语言通俗易懂、说理透彻明晰，消除了诉讼参与人对专业性问题的疑惑，被告方和被害方均对检察机关以轻伤鉴定意见指控犯罪未再提出异议，审判长适当采纳专家辅助人意见。经合议后，认定被告人王某犯故意伤害罪致人轻伤，结合其他情节，判决免予刑事处罚。宣判后，被告人及被害人均表示服判，未提出上诉和申诉。

三、办案效果

建立检察机关专家辅助人工作制度，开展专家辅助人出庭工作，是对检察技术工作在新形势下如何更好地发挥职能作用的有益探索，是对检察技术传统工作方式的创新和变革，有利于拓展检察技术应用领域、保障检察执法办案质量，有助于提升检察技术工作的权威性和影响力。

推荐理由

　　本案通过检察机关专家辅助人出庭，提高了庭审质证的科技含量，为公诉部门准确指控犯罪提供了强有力的技术支撑。同时，通过检察机关专家辅助人出庭，发表专业意见，平息了当事各方对鉴定意见的争议，既保障了庭审顺利进行，又促进定分止争，有效减少了今后可能发生的缠诉缠访问题，人民法院、被告人及其辩护人、受害人及其代理人，以及到场旁听的县人大代表、政协委员均给予了充分肯定和一致好评，四川省人民检察院也把该项工作列为 2013 年度创新工作。▲

DNA 证据解死刑案件撤诉之谜

刑事案件的客观性证据审查的重要性不言而喻，也是技术部门大力推进技术性证据审查的缘由。法医 DNA 鉴定曾被称为证据之王，但法医物证技术和法医 DNA 分析技术的迅速发展，须审慎对待 DNA 鉴定意见，在此类证据的审查中，技术人员可以发挥重要作用。

文 | 浙江省人民检察院　洪翔　包朝胜

一、情况综述

（一）基本案情

2001 年 1 月 1 日，浙江省杭州市发生一起卖淫女汪某被害案。直至 2011 年 12 月 2 日，经杭州市公安司法鉴定中心 DNA 数据库自动比对，汪某被杀案现场床上毛发 DNA 和犯罪嫌疑人阮某的 DNA 比对一致。2012 年 3 月 9 日犯罪嫌疑人阮某被抓获归案，杭州市中院同年 8 月 21 日一审认定 2001 年 1 月 1 日晚 9 时许，被害人汪某带被告人阮某至出租房内发生性关系后，因故发生争执，被告人阮某采用掐颈、围巾勒颈等手段将汪致死，后逃离现场，以故意杀人罪判处被告人阮某死刑，缓期二年执行，剥夺政治权利终身。

（二）案件难点

本案被告人阮某不服一审判决，全面翻供，称有罪供述是诱供逼供情形下所作，要求改判无罪。DNA 鉴定时间跨度大，分别于 2001 年案发后、2012 年嫌疑人归案后分别对检材进行 DNA 分析，省市两级公安机关出具了 2 份 DNA 鉴定书、1 份物证鉴定书、1 份补充说明。本案历时 11 年才将犯罪嫌疑人抓获，由于时过境迁，物证无法提取，证人证言证明力弱化，DNA 鉴定意见是本案一审判决的重要证据。

二、技术性证据审查

（一）审查过程

浙江省人民检察院公诉部门委托我处对本案 DNA 鉴定意见进行技术性证据审查。我处受理委托后，调取全部案卷，全面了解掌握案情，审查 DNA 鉴定意见、现场勘查笔录等在案技术性证据材料，与原鉴定单位及时沟通，积极协助公诉部门开展调查补证工作。

审查后发现，本案现场勘验笔录证实案发时出租房现场发现并提取了七个纸团，经浙江省公安厅司法鉴定中心 DNA 鉴定，其中三个纸团与被告人阮某有关，即"床左侧地面上面巾纸（成团）、床左侧下面成团面巾

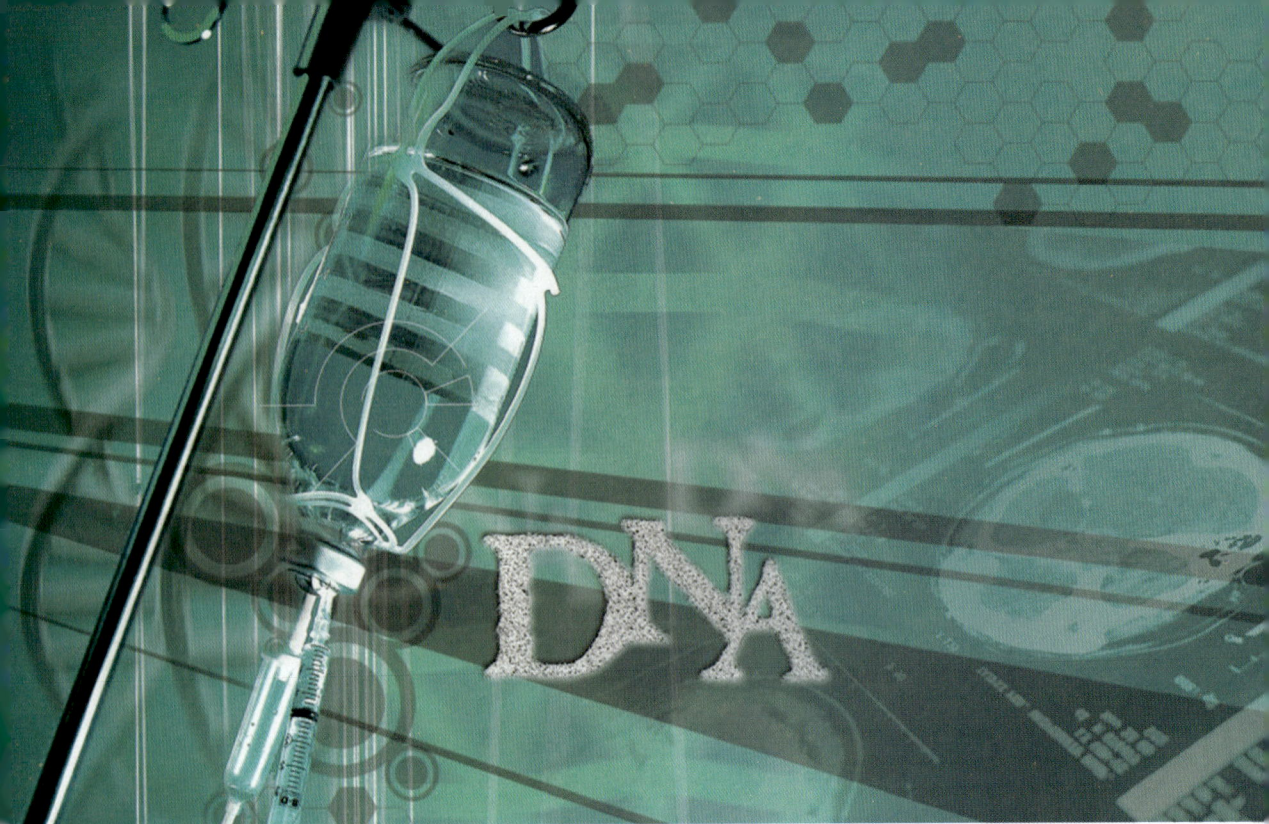

纸及床头下地面成团面巾纸，其上的可疑斑迹均由犯罪嫌疑人阮某所留的可能性，是为其他无关个体所留可能性的 1.25×10^8 倍。其上女性成分检验均检出混合 DNA 分型，其中包含死者汪某和犯罪嫌疑人阮某的 DNA 分型。"一审法院据此认定"上述三个纸团上的可疑斑迹均由阮某所留，其上女性成分检验均检验出混合 DNA 分型，其中包括死者汪某和阮某的 DNA 分型"。杭州市中级人民法院承办人同时依据上述 DNA 鉴定意见以及三个纸团在现场的发现位置，认定阮某系最后到案件现场的嫖娼者。

我们认为，本案原 DNA 鉴定采用两步裂解法提取 DNA 进行 PCR-STR 多态性分析。法院认定的三个纸团经第一步消化后，提取上清液的 DNA 进行 PCR-STR 多态性分析，结果显示三个纸团的上清液均可检出男女混合 DNA 分型。在扩增的 10 个基因座上，9 个基因座上扣除被告人阮某的等位基因，剩余的等位基因均能从被害人的等位基因中找到，1 个基因座上存在被告人和被害人均没有的长片

段等位基因。离心获取沉淀细胞（精子）进行第二步消化，再提取 DNA 进行 PCR-STR 多态性分析，结果提示在扩增的 10 个基因座上，8 个基因座等位基因与阮某对应基因座等位基因相符，2 个基因座未检出有效等位基因，计算似然比率，三个纸团中精子成分由被告人阮某所留的可能性是其他无关个体所留可能性的 1.25×10^8 倍，其概率未达到目前个体同一认定的标准（国内外尚无统一标准，一般要求 10^{10}）。本案 DNA 鉴定意见的解释与使用存在三个重大纰漏：一是上述三个纸团经第一步消化后的上清液包含有男女混合 DNA 成分，而不是原 DNA 鉴定书检验结果提示的仅仅是"女性成分"；二是该上清液的混合 DNA 分型结果（有 1 个基因座上存在被告人和被害人均没有的长片段等位基因），仅仅提示不排除含有被告人阮某 DNA 分型与被害人汪某 DNA 分型的可能，而原鉴定书和原审法院却认定一定包含两者的 DNA 分型；三是现有 DNA 鉴定结果尚不能确认上述三个纸团中存在阮某的 DNA，原 DNA 鉴定书也仅给出一

个似然比率的结果，并未提示可疑斑迹上的 DNA 已与阮某 DNA 比对达到同一，原审法院却认定三个纸团上可疑斑迹均由阮某所留，存在证据采信的错误。

（二）技术性证据审查意见作用

公诉办案人员根据 DNA 鉴定审查意见，综合在案证据，认为本案存在一些不合常理的疑点和没有排查到位的可疑人员，案件事实总体存疑，尚不能完全排除他人作案的可能性。浙江省高级法院采纳我院的意见，将本案撤销原判，发回重审。案件发回重审后，杭州市检察院撤回起诉，将一审已判处死刑，缓期二年执行的被告人阮某释放，体现了"疑罪从无"的基本原则。

推荐理由

刑事案件的客观性证据审查的重要性不言而喻，也是技术部门大力推进技术性证据审查的缘由。法医 DNA 鉴定曾被称为证据之王，但法医物证技术和法医 DNA 分析技术的迅速发展，须审慎对待 DNA 鉴定意见，在此类证据的审查中，技术人员可以发挥重要作用。本案中，一审死刑判决依据的重要证据就是三个纸团上混合斑迹 DNA 鉴定，若不仔细审查 DNA 检验报告，分析其检验过程，可能会遗漏关键信息。通过本案的 DNA 证据审查和总结其他 DNA 检验报告中的问题，我处向公安机关反馈，并在全省公安机关 DNA 技术工作会议上作了《死刑案件 DNA 证据审查的问题》专题介绍，对于提高 DNA 鉴定规范程度、提升 DNA 证据采信能力起到了较好的作用。▲

一起故意杀人案的变迁

重庆市人民检察院第四分院在办理的一起即将"流产"的故意杀人案，因证据不足将要放人时，承办人将该案尸检报告送到技术部门作技术性证据审查。法医在审查该案时：发现死者除高坠伤外，考虑有被软钝性物体打击的可能，这一至关重要的证据坚定了承办人的信心，再通过现场勘验检查和补充侦查使该案得以顺利起诉，最终行为人被判处死刑，缓期两年执行。

文 | 重庆市人民检察院第四分院　　张向东

一、"自生桥"女尸疑案

2005 年 3 月 17 日晚 12 时许，酉阳县公安局酉酬镇派出所接到魏某某电话报称："其姐魏某在酉酬镇水田村'自生桥'处被他人害死。"酉酬镇派出所接报后迅速组织了几名干警赶到现场，经查看现场了解相关情况后，看到魏某的爱人冯某神色紧张，对冯某产生了怀疑，初步判断是一起命案。为防止冯某逃跑，保证侦查工作的顺利进行，干警将冯某传唤到了酉酬镇派出所。

第二天，酉阳县公安局刑警大队的刑侦人员和法医赶到现场进行现场勘查和尸体检验，19 日凌晨开始接触冯某。几个回合下来，令干警们大吃一惊的是，冯某接连三次较为详细地供述妻子魏某是自己故意推下去摔死的。干警们不敢轻视，及时将案情向局领导作了汇报。3 月 20 日，冯某被刑事拘留，4 月 11 日被批准逮捕。酉阳县公安局"3·17"杀人案专案组经过 2 个多月的侦查，收集到一定数量的证据，2005 年 6 月 6 日，侦查机关将该案移送起诉到了检察院。

二、是存疑不诉放人，还是提起公诉

2005 年 6 月 19 日，重庆市人民检察院第四分院接到辖区内酉阳县人民检察院报送的冯某案件的卷宗材料，承办该案的检察官经过认真审查后，认为冯某杀人案件的证据不足，先后进行了两次退查。案件查来查去还是证据不足。分院公诉处的干警们集体讨论后存在意见分歧，有的认为该案由于证据存在问题提起公诉的风险很大。鉴于此，最后决定上报检委会。2005 年 11 月 2 日，检委会成员在讨论该案时压力也特别大，每个人脸上都写满了严肃、焦急，整整一天的分析、讨论，甚至把公安机关的侦查材料一字不漏地进行分析，多数人还是认为案件中最突出的几个问题十分明显：一是本案至关重要的唯一的目击证人李某的证词是否可采信；二是法医的尸检结论是被害人系高坠死亡，属中性结论，被害人存在的"熊猫眼"的原因能否弄明白；三是冯某先后作了九次供述前后矛盾，并称前几次供述是在侦查人员的刑讯逼供下乱编的；四是该案的现场勘查不够细致，如李某所坐的挖掘机离现场的距离多远、被害人魏某尸体位置与悬崖脚的垂直距离有多远等。但由于修路，原始现场已经发生变化，又时隔了七个多月，能否查清楚。一整天的讨论分析，检委会成员的意见分歧很大，只有少数人认为该案不能作存疑不诉，应当依法提起公诉。

从现有的案卷材料来看，虽然证据有不完善的地方，尚未形成证据锁链，但冯某的杀人嫌疑无法排除。冯某有作案动机，也有作案时间。案发后，冯某表现非常平静，不喜不悲，不慌不忙对魏某的死亡无所谓，并曾对作案过程作过三次有罪供述，并且有言词证据证实案发时现场有争吵，有女子呼救的声音……种种迹象表明，冯某作案有重大嫌疑，如果让该案"流产"，案犯就会逃脱法网，受害者就会含冤九泉，其亲人就会无休止地上访，该案就会成为一起重大涉检上访案件。

三、法医文证审查发现案件蹊跷

2005 年 11 月 25 日，案件承办人将冯某故意杀人案卷宗一卷送到了技术处，要求对该案的法医学尸体检验鉴定书进行审查：该鉴定程序是否合法；结论是否正确；形式要件是否齐全；鉴定人是否具有鉴定资质。

法医审查发现，死者魏某右眼眶青紫、额部偏左见一表皮剥脱 2cm×1cm、右额见两处呈点片状表皮剥脱 0.6cm×0.3cm、0.5cm×0.3cm、左颞顶前见一创口 10cm×0.5cm、创缘不齐、创腔有组织间桥、创角钝、创底深达帽状腱膜、右背上部见斜形表皮擦伤痕 3cm×0.5cm、左上肢前臂明显

青紫肿胀、背侧见一表皮剥痕 4cm×0.5cm、可扪及粉碎性骨折、右大腿中后见表皮擦伤 5cm×4cm、小腿胫前上见一青紫肿胀面积为 6cm×2cm、左膝盖外侧下见一 3cm×2cm 青紫瘀、解剖见：剖开头皮可见前额部腱膜层点片状瘀血、颅骨完全无骨折、开颅脑组织无损伤、颅底未见骨折、剖开胸腹可见右胸第二肋近软骨处骨折、左第四肋骨骨折、胸腔内积血约 1500ml、心包可见一破口、右心尖处见一裂口 1.5cm×0.6cm、肝破裂、脾破裂、腹腔内积血约 1000ml、肠管、肾正常、余未见异常。

根据酉阳公安局对魏某的尸检报告和尸检照片、现场照片等资料，四分院法医邀请了黔江辖区五名法医专家对该案进行会诊，并得出以下审查意见：1.同意酉阳县公安局法医对死者魏某的尸体所作的检验报告，系高坠致心、肝、脾破裂死亡的结论。2.死者魏某除右眼眶青紫以外的其他损伤可以在高坠运动中形成。3.死者魏某双瞳孔等大等圆，右眼外部无表皮擦、划伤；颅骨未见骨折，脑组织无损伤，颅底未见骨折。因此，死者魏某右眼眶青紫的尸表现象应为较软的钝性物体所形成。与高坠损伤关系不明显，考虑他人损伤所致。

技术部门将审查意见返回了案件承办人。

四、峰回路转柳暗花明，铁证如山罪犯服法

依据法医文证审查意见，2005 年 11 月 29 日，由公诉处长和技术处长（法医）等人组成的"3·17"杀人案复查小组开进了酉阳县。当晚，复查小组和公安、检察抽出的 15 人在一起对该案的具体情况作了分析，重点从以下几个方面进行补查：一是现场目击证人李某的证言，他所在位置距离案发现场的具体距离。二是详细复勘现场，不放过蛛丝马迹，

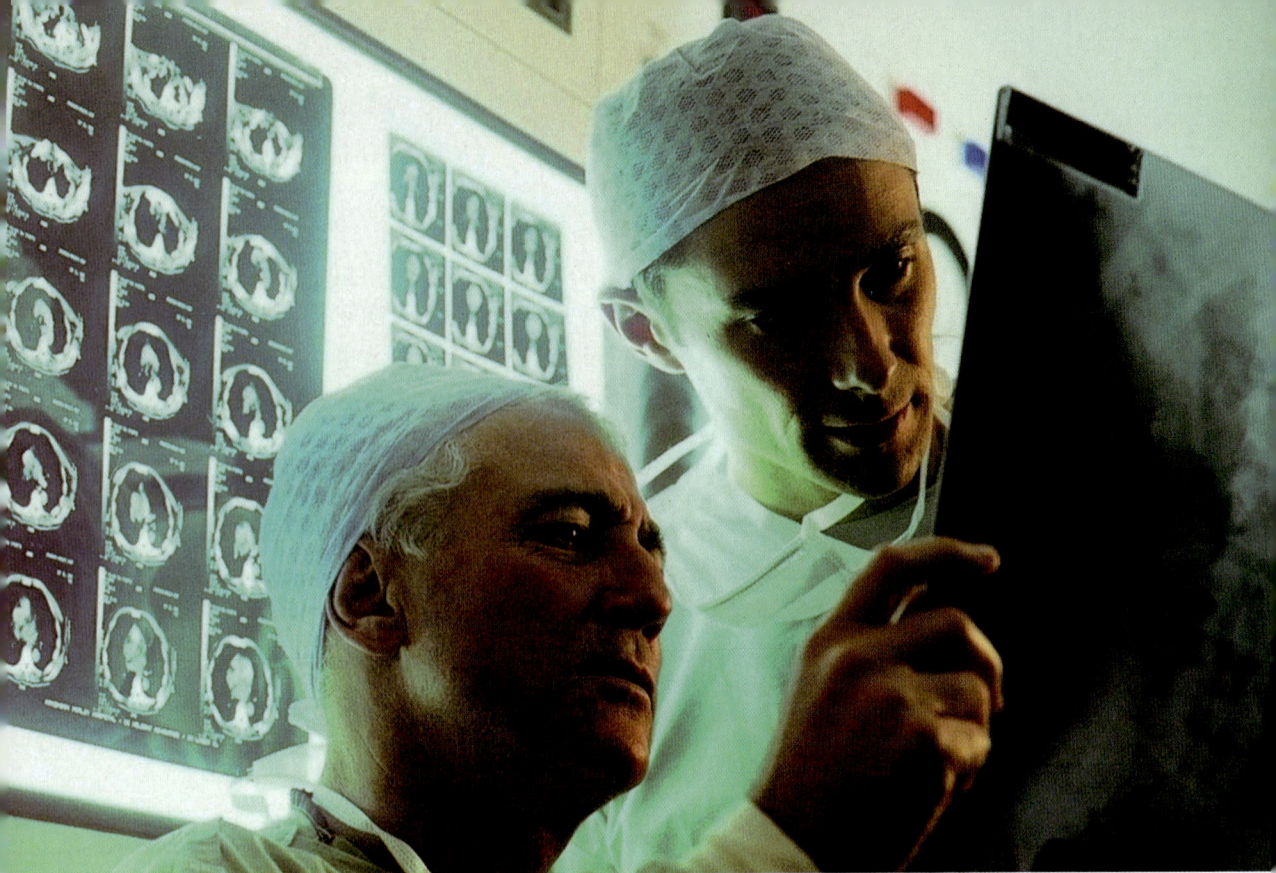

深挖细查。三是传讯冯某在川北医学院的同学即他的情人彭某，详细审问他们之间的情况，特别是案发当天的通话内容等。四是仔细了解案发后当晚到达现场的几个证人。最后决定兵分两路开展工作，一路人马去南充传唤冯某的情人彭某到酉阳，另一路人马到现场等地调查。

经过整整10天的连续作战，终于查出了新的证据并形成了一个强有力的证据锁链。第一，现场目击证人李某当天晚上去看护挖掘机，坐在驾驶室，距发案现场仅有37米，当时为了通风，挖掘机驾驶室的玻璃留了一条缝，能清晰地听到一男一女吵架和女声呼救的声音，李某听到吵声还伸出手电筒照了一下，确认是一男一女。李某第二天在工地上说他看到和听到的这些情况时，被儿子训斥了一顿，不让他讲，免得引火烧身。李某就没讲具体事情。李某的儿子也证实了此事。第二，法医从魏某的尸检报告中发现了有关

魏某右眼成"熊猫眼"的记录。经调查走访，魏某在出事之前根本没有"熊猫眼"现象，而魏某坠下崖后的形成"熊猫眼"，无外擦伤、挫伤，颅内也没内出血，考虑是遭软钝器所致。当晚击伤她的人除了冯某还有谁呢？这与李某看到一男一女在抓扯，听到女声呼救有何联系呢？第三，冯某的情人彭某证实，案发当天2005年3月17日是冯某的生日，冯某与她通话长达两个小时，除闲聊，更多的是谈关于他与彭某未来的美好生活构想。

2005年12月8日，冯某被依法押解到黔江区看守所羁押，实行异地羁押。与一个"三进宫"的张某关押在同一个仓室，张某其中一次是判的无期徒刑，因此冯某决定向张某讨教"经验"。就在一个和张某共同值班的晚上，冯某在与张某的闲聊中谈出了3月17日晚谋杀妻子的事，所述经过与作案细节与冯某最初交代的一致，证实：冯某是酉阳县酉酬镇一段芭蕉村的个体医生，与被害人魏

某系夫妻关系。2002 年，冯某在川北医学院读书期间与同学彭某发生恋情，结婚多年后夫妻感情出现裂痕。2004 年 7 月，冯某从川北医学院毕业后不久，即向魏某提出离婚，经多次协商离婚未果，冯某便产生了谋害其妻的念头。为掩人耳目，冯某装出改邪归正的举动麻痹妻子，迷惑旁人，最终酿成惨果。

2006 年 1 月 15 日，重庆市第四中级人民法院公开审理这起案件，依法判处冯某死刑，缓期两年执行。2006 年 9 月 28 日，重庆市高级人民法院作出刑事附带民事裁定书，维持原判。至此，即将"流产"的疑案尘埃落定。

推荐理由

重庆市人民检察院第四分院在办理的一起即将"流产"的故意杀人案，因证据不足将要放人时，承办人将该案尸检报告送到技术部门作技术性证据审查。法医在审查该案时：发现死者除高坠伤外，考虑有被软钝性物体打击的可能，这一至关重要的证据坚定了承办人的信心，再通过现场勘验检查和补充侦查使该案得以顺利起诉，最终行为人被判处死刑，缓期两年执行。▲

法医技术性证据审查还嫌疑人清白

本文通过对一例涉嫌故意伤害案件的伤情程度鉴定的技术性证据审查，区分了新旧伤和伤与病的关系，并改变原轻伤鉴定意见为不构成轻伤意见，审查意见得到国家级鉴定机构认可，并被办案部门采纳，使被逮捕羁押 1 个月的犯罪嫌疑人得以释放并获得国家赔偿。

文 | 辽宁省大连市人民检察院　　胡宏远　张家瑞

一、简要案情

张某（男，39 岁），王某（男，37 岁），2012 年 5 月 16 日中午，因琐事与钱某（男，55 岁）厮打，拳打脚踢致钱某受伤，伤后钱某到市医院住院治疗。2012 年某法医司法鉴定中心对钱某伤情作出鉴定，鉴定结论为钱某被人打伤致腰 5 椎体滑脱、马尾神经损伤、腰 1 椎体压缩性骨折属于轻伤。接到鉴定后区公安分局对加害人张某执行逮捕，王某给予取保候审，并将案件移送至区人民检察院公诉部门，公诉部门将鉴定书以及鉴定材料送技术部门进行技术性证据审查。

二、办案过程

（一）病例摘要

1. 解放军某医院钱某住院病例记载。

主诉：外伤后头痛头晕、腰腿痛 10 小时。

现病史：10 小时前被多人围打，当即昏迷，数分钟后醒来，觉头痛头晕、腰腿痛，并逐渐加重，行走困难。伤后无抽搐、失语、二便失禁等。既往无外伤史。

体格检查：嗜睡，答话切题，对受伤过程不能完全回忆，头面部多发软组织挫伤，腰椎棘突广泛压痛，右膝关节软组织挫伤，双直腿抬高试验阳性，双腿外侧皮肤痛觉过敏，四肢肌力、肌张力粗侧正常，生理反射存在，病理反射未引出。

腰椎 X 光片以及 MRI 片显示：腰 1 椎体压缩性骨折，考虑陈旧性；腰 5 椎弓峡部不连并腰 5 椎体前滑脱（Ⅱ0），椎管及椎间孔狭窄，马尾神经损伤。

诊断：腰 5 椎体前滑脱（Ⅱ0），马尾神经损伤。

治疗经过：给予神经营养及对症治疗，卧床制动。

2. 某大学附属医院钱某住院病例记载。

主诉：外伤后腰部活动伴活动受限 5 天。

查体：脊柱于腰 5 棘突处生理前凸增大，无侧弯畸形，腰 5 棘突处压痛，腰部活动受限。

双小腿外侧皮肤感觉减退，右足背外侧感觉减弱。双下肢肌力正常，双巴氏征阴性。

治疗经过：给予术前准备，计划手术治疗，但患者暂不同意手术治疗。给促进骨折愈合，营养神经治疗。

出院情况：腰痛明显减轻，大小便正常，左小腿皮肤感觉减弱，右下肢皮肤感觉减弱基本消失。双下肢肌力正常。

出院诊断：腰椎滑脱，多处软组织挫伤。

（二）鉴定结论

本案在侦查环节进行了1次鉴定，某法医司法鉴定中心出具了轻伤鉴定结论。主要观点如下：（1）外伤后查体为腰椎棘突广泛压痛，右膝关节软组织挫伤，说明被鉴定人腰部外伤为钝器伤。（2）腰部外伤导致了腰5椎体滑脱，马尾神经损伤，腰1椎体压缩性骨折。经过我院技术部门的技术性证据审查，出具技术性证据审查意见为：经审查提供的资料，并阅送审的腰椎MRI片和X光片，认为被鉴定人的伤情鉴定结论不合理，被鉴定人损伤程度不构成轻伤，建议给予重新鉴定。理由如下：被鉴定人属于年龄较大，腰椎退行性改变明显，腰1椎体楔形改变伴增生，应为陈旧性压缩性骨折；原诊断外伤性腰5椎体滑脱应诊断为先天性腰5椎弓峡部裂，腰5椎体向前Ⅰ度滑脱，腰5椎体向前Ⅰ度滑脱与先天性腰5椎弓峡部裂有明确关系，不能判断为外伤与腰椎滑脱具有因果关系。

在本院的建议下，该案进行了重新鉴定，某鉴定中心鉴定结论为：被鉴定人被人殴打，伤后出现腰腿部症状，目前不能排除本次外伤使其自身原有疾病的症状显现或加重（外伤参与度拟为12.5%~25%）。主要观点如下：（1）腰1椎体楔形改变，椎缘见骨质增生，骨桥形成，为陈旧性压缩性骨折；（2）腰5椎体向前Ⅱ0滑脱的MRI扫描中没有急性水肿、出血等损伤改变，滑脱与腰5椎弓峡部裂有明确关系；（3）不能排除本次外伤使其自身原有疾病的症状显现或加重（外伤参与度拟为12.5%~25%）。

三、分析说明

（一）关于脊椎压缩性骨折的新旧区分

脊椎压缩性骨折绝大多数由间接暴力引起，多见于胸腰椎，60%~70%好发于T10-L2段，其中80%见于T12-L1段。鉴定时常常会遇到脊椎压缩性骨折的新旧区分，经查阅文献，认为区分要点有以下几点：1.新鲜骨折X光片除显示楔形变外，椎体中央还可能显示致密线影、椎体前缘折角、椎体上缘下陷、椎体前上缘出现帽沿症等。当X光片无法区分时，CT扫描往往能显示横断面上的低密度骨折线，当椎体内出现微密线及局部椎体轮廓不连贯时，常为新鲜骨折征象。MRI诊断更加明确，特别是伤后几天内的MRI扫描可以显示有无急性骨折引起的水肿、出血等急性改变。2.陈旧骨折X光片除显示楔形变外，椎体往往显示退行性改变，如椎缘见骨质增生、骨桥形成，不出现新鲜骨折的椎体、椎缘的改变，CT扫描椎体横断面不出现低密度影，MRI扫描无急性骨折引起的水肿、出血等急性改变。3.排除椎体生理性楔形变，椎体前径与后径生理性楔形变常在1cm内。本例腰1椎体压缩性骨折没有新鲜骨折的影像学改变，故判断为陈旧性。

（二）关于脊椎峡部不连和脊椎滑脱

位于椎弓上下关节突之间的部分称为峡部。由某原因致峡部缺损或断裂称峡部不连、峡部裂或椎弓崩裂。峡部不连可发生在单侧，也可发生在双侧。如果峡部不连发生在双侧，则不连上部椎体向前滑移，就称为脊椎滑脱症。病变以第 4、5 腰椎最为常见。

本病多见于 30~45 岁的成年人，男性多于女性。造成本病的首要因素是先天发育缺陷，即脊椎的胚胎发育骨化过程中发生障碍，形成了峡部的缺损。其次是在椎弓峡部先天性发育缺陷的基础上，再由各种外伤，劳损等外因亦可诱发或加重本病的发生和发展。

从生物力学观点来看，第 5 腰椎承接上部脊椎的重力较大，容易产生积累性劳损，在此基础上，若遭受外伤也可使其峡部断裂。当弯腰时骶骨上面倾斜度加大，身体重心前移，峡部受力更大；当腰椎过伸时，第 4 腰椎下关节突可从上面直接加压于第 5 腰椎的峡部，使峡部受到相邻上、下两关节的钳夹而受损害。

腰痛是最为常见症状，呈持续性或间歇性，或在过度负重，受压，运动时才有疼痛出现。大多数局限在下腰部，亦有向臀部，骶尾部或下肢放射。部分病人出现单侧或双侧坐骨神经痛。少数严重患者有下肢肌力减弱、肌肉废用性萎缩，痛觉减退，甚至发生马尾神经压迫症状。

X 线检查是峡部不连脊椎滑脱症的重要手段，可作为诊断的重要依据。常用的摄片位置有腰椎正、侧位及左右双斜位片。（1）正位片：多不易显示，阳性率不高。（2）侧位片：可见椎弓有裂隙，此裂隙的宽度与滑脱的程度有关，移位越大则裂隙就显示越清晰。（3）斜位片：为诊断峡部不连的最好位置，可全部显示其裂隙，正常椎弓附件投影像——"猎狗"形。当峡部不连时，在狗颈（椎弓峡部）处，可见一带状的裂隙，通俗称狗脖子带"项链"。

如何区分峡部不连导致的腰椎滑脱，还是原存在峡部不连，在外伤作用下引起的腰椎滑脱，认为 MRI 检查可以诊断，如果没有

急性水肿和出血表现，那么基本上可以排除外伤引起。

本例笔者认为被鉴定人腰 5 椎体向前 Ⅱ 0 滑脱的 MRI 扫描中没有急性水肿、出血等损伤改变，滑脱与腰 5 椎弓峡部裂有明确关系，且腰 5 椎弓峡部裂多属先天性。

四、办案效果

本案采纳了检察院技术性证据审查意见和重新鉴定结论，并将被逮捕羁押了 1 个多月的犯罪嫌疑人释放，案件退回公安局，避免了错诉，充分体现了检察技术的法律监督作用，实现了公平正义。犯罪嫌疑人向检察院和公安局提出国家赔偿申请，经讨论和研究，检察院和公安局认为对犯罪嫌疑人的国家赔偿要件成立，遂给予犯罪嫌疑人 2 万元的赔偿。

五、经验总结

（一）检察院要重视技术性证据的审查

《人民检察院法医工作细则》明确了技术性证据的定义、应当进行审查的 7 种情形、审查内容、出具意见以及出庭，工作细则并经最高人民检察院检察委员会讨论通过，足以说明技术性证据审查的重要性。本案例提示我们，技术性证据审查的重视涉及多个方面，一是办案部门和办案人的重视。由于案件量大，特别是涉及法医学证据的案件量大，故现在审查的启动多是由于当事人对技术性证据提出异议，没有建立日常或常规的技术性证据审查机制。办案人怕麻烦，自己审查后觉得没有必要进行技术性证据审查，引起错案或瑕疵案件屡见不鲜。在批捕阶段，由于批捕时间的限制，或依赖审查起诉环节的审查而忽略在批捕阶段的技术性证据的审查，而导致错捕，本例就是一个典型的错捕案例。

如果在批捕阶段就提出审查，就可以避免错案和国家赔偿。二是技术部门和技术人员的重视。对技术性证据审查的重要性要充分认识，要从履行法律监督、实现公平正义的高度来认识技术性证据的审查，否则就会导致错案一错再错。技术性证据的审查要避免走形式，要进行实质性审查，不能仅审查鉴定书的程序，还应审查鉴定意见的对错，故需对形成鉴定意见的材料进行审查，对分析过程进行审查。

（二）技术人员要提高审查能力

技术性证据涉及多个方面，特别是法医学技术证据，涉及医学的多个学科，审查具有一定难度。为了有效地审查，技术人员应加强学习，学习医学的发展、前沿领域及先进技术，多参加技术培训。技术人员审查要集思广益，可以采取讨论制、会诊制，集各个专业所长。技术部门最好建立专家库，弥补专业缺陷。

推荐理由

此案例系在刑事案件审查起诉过程中法医进行技术性证据审查改变原鉴定结论的典型案例。技术上，对原鉴定的关键证据核磁共振的阅读、审查，区分了伤与病的关系，新伤与旧伤的关系，将脊椎压缩性骨折认定为陈旧性，脊椎峡部不连和脊椎滑脱认定为先天性，此审查意见得到国家级鉴定机构认可。法律上，技术性证据审查将错误鉴定意见改正，办案部门据此纠正了错捕，将被逮捕羁押了 1 个多月的犯罪嫌疑人释放，案件退回公安局，避免错诉，犯罪嫌疑人得到了国家赔偿，充分体现了检察技术的法律监督作用，实现了公平正义。▲

法医鉴定揭露"死亡"真相

此案件是近年来包头市人民检察院办理的法医检验鉴定类的典型案例，服刑人员死亡案情重大，时值开展监管场所非正常死亡专项活动的时期。且属于重新鉴定，第一次鉴定意见是检察机关的鉴定机构出具，包头市人民检察院高度重视，积极请求上级院有关专家给以支持和指导，发挥技术办案一体化机制的作用，按照科学严谨的检验鉴定程序，共同出具了科学、客观、公正的鉴定意见。

文 | 内蒙古自治区包头市人民检察院　　韩全柱

一、情况综述

　　黄某某（监狱服刑人员，男，汉族，1987年生，2009年年初因盗窃罪被判处有期徒刑2年），2009年5月12日晚，在监狱劳动改造的工地干活时抽风，被干警及他人送到监狱急诊室给予针灸，20分钟后得到缓解，并留院观察。次日早7时许，黄某某再次抽搐，头向后仰，双眼直视，口吐白沫，舌尖咬破（夜间清醒后自诉头痛，呕吐多次，为胃内容物），监狱急诊室给予抗癫痫治疗。同日10时被带医院检查：1.脑电图地形图：异常脑电地形图，癫痫，结合临床；2.头颅CT报告：脑实质密度正常，灰白质结构清晰，脑室、脑池正常，中线居中，颅骨正常。5月13日16时入监狱管理局中心医院诊治，未见好转，5月18日16时40分，CT报告征象描述：右侧额叶见大片状低密度影，其内见混杂高密度影，其周围见水肿样低密度影，环池变窄，中线结构左移，右侧侧脑室受压变窄（颅内胶质瘤）。黄某某于2009年5月19日11时，呼吸、心跳停止，经抢救无效死亡。

二、检验鉴定情况

　　黄某某死亡后，同年5月20日委托某人民检察院对黄某某进行尸表检验。法医根据对死者尸表检验所见，死者黄某某除胸部见有心电图监测及抢救痕迹，未见任何致命性机械性损伤痕迹。结合监狱管理局医院临床诊断（颅内胶质瘤）后，出具的检验意见为：1.可以排除死者因致命性机械性损伤死亡的可能；2.死者死亡原因与其自身疾病有关。

　　死者家属接到监狱的通知后，对尸表检验意见不服，强烈要求对死者的死因重新鉴定。2009年7月2日，检察机关启动了重新鉴定程序，对黄某某的死因进行鉴定。包头市人民检察院受理了黄某某死因鉴定一案。

　　受理鉴定后，包头市人民检察院鉴定人高度重视，该案中的法医学资料复杂，准确查明黄某某的死因是本案的关键，鉴定人经过反复审阅医学资料，多次往返于呼和浩特、北京等地，行程上万公里。制订了初步检验方案，经与自治区人民检察院法医专家讨论会诊后，确定邀请最高人民检察院司法鉴定中心的法医专家进行会检。

2009 年 7 月 8 日，在监狱管理局的太平间院内自然光线下，及死者家属及监狱有关人员在场的情况下，包头市人民检察院的法医对黄某某的尸体进行了检验，就病理组织学切片以及脑组织大体标本分别送自治区人民检察院、最高人民检察院司法鉴定中心，并聘请有关病理学专家进行会检。

解剖黄某某尸体可见：尸表见暗红色静脉网，双手甲床呈黑紫色；右手背有一输液胶贴，下有一针孔，周围有 1 厘米 ×0.5 厘米皮下出血。切开头皮可见后顶枕部处有 15 厘米 ×5.5 厘米薄层帽状腱膜下红褐色出血改变，从帽状腱膜下切开头片可见皮下有 13 厘米 ×7.5 厘米皮下红褐色出血改变，后枕部帽状腱膜下可见红褐色改变并向项部延伸。脑组织检查见右侧额叶蛛网膜下腔处有 3 厘米 ×1.3 厘米，顶叶蛛网膜下腔有两处 3 厘米 ×1.5 厘米和 4 厘米 ×1 厘米红褐色出血改变，左侧额叶蛛网膜下腔有一处 1.5 厘米 ×1 厘米红褐色出血改变；切开右大脑皮层额叶到有顶叶处有 2.5 厘米 ×2 厘米 ×6 厘米出血改变，左额叶有一处褐色变。

未见颅骨骨折及硬膜外、下出血。其余未见明显异常。病理组织学检验：

1. 心脏：冠状动脉局灶性增厚，官腔无明显狭窄，于心肌内见有少数机溶灶。

2. 肺脏：肺水肿伴肺气肿，肺泡壁增厚，有炎细胞浸润，另见少数灶状炎细胞。

3. 肝脏：未见明显病变。

4. 肾脏：血管充血，余未见明显病变。

5. 脾脏：轻度脾瘀血。

6. 胰腺：呈自溶改变。

7. 头皮：未见明显病变。

8. 脑：右侧额叶、顶叶蛛网膜增厚，蛛网膜血管高度扩张，未见蛛网膜血管畸形，蛛网膜下腔厚层积雪，脑组织形态尚可，自溶较重。大脑皮层及白质浅层灶状不均匀或点灶状出血。左额叶见蛛网膜下腔出血，血管周围出血，点或小灶状软化改变。

毒物分析：胃组织、尿内均未检出有机磷、氨酯类、毒鼠强、吗啡类、丙胺类、大麻类、可卡因类，苯二胺类等常见毒物。

分析说明：

1. 根据尸检所见，双侧大脑额、顶叶可见蛛网膜下腔出血及大脑皮层内出血，病理组织学检查亦见脑组织内出血、水肿、软化样改变，经多次组织有关专家进行病理组织学会检，均未检出胶质瘤细胞。故可排除恶性胶质瘤的临床诊断。

2. 毒物分析未检见常规毒物，可排除中毒致死。

3. 病理组织学检查见双侧额、顶部蛛网膜下腔厚层出血，大脑皮层及白质浅层不均匀点、灶状出血，血管周围出血，并可见点、灶状软化疏松改变，结合大体所见的双侧大脑额、顶叶蛛网膜下腔出血及大脑皮层内出血分析，死者的死亡原因为蛛网膜下腔出血和脑内出血。

4. 切开头皮可见后顶枕部处有 15 厘米 ×5.5 厘米薄层帽状腱膜下红褐色出血改变，从帽状腱膜下切开头片可见皮下有 13 厘米 ×7.5 厘米皮下红褐色出血改变，后枕部帽状腱膜下可见红褐色改变并向项部延伸。提示死者生前头颅右顶部及右枕部曾受到钝性外力作用，但头皮表面未检见工具类致伤物的损伤特征。

综上所述，黄某某死亡原因为因钝性外力作用头部所致的蛛网膜下腔出血及脑内出血。

三、法律效果及社会影响

黄某某的死亡原因确定后，监狱高度重视，迅速成立了专案组，经过缜密的侦查后，查明了案件真相：2009 年 5 月 2 日凌晨，同监区服刑人员卢某某与黄某某在劳动过程中因琐事发生口角，继而发生争执，后卢某某用拳脚击打死者的头部，致黄某某重伤。

侦查部门侦查终结后，检察机关依法提起公诉，法院采信了检察机关出具的黄某某死因鉴定意见这一关键证据，综合全案证据，以被告人卢某某犯故意伤害罪（致人死亡），依法判处有期徒刑 12 年。一审宣判后，卢某某没有上诉。

此案在当地引起了很大反响，检察机关的鉴定意见是本案的关键证据。此案的成功办理，增加了检察机关技术鉴定的公信力，体现了公平正义。

推荐理由

此案是法医鉴定的典型案例，案情重大，检验鉴定程序严谨，鉴定意见客观、公正，法医鉴定为案件的成功办理起到了关键作用，维护了检察技术鉴定的公信力。让人民群众感受到检察机关办理案件的公平正义，维护了法律的尊严。▲

一起二审抗诉案件的鉴定意见审查

文件检验是我国传统的鉴定门类之一，在诉讼中有着不可替代的独特作用。作为证据形式的一种，文件检验的鉴定意见必须经过有效的审查才能够避免冤假错案的发生。但是鉴定文书该如何审查，一份形式要件齐全，使用大量专业术语、科学词语的鉴定文书是否一定是科学严谨的？本文就是从真实的案例出发，了解文件检验的鉴定意见审查过程。

文 | 最高人民检察院技术信息研究中心　　刘烁

一、合同究竟是何时形成的

2012 年最高人民检察院司法鉴定中心办理了江苏省海门市人民检察院一起民事抗诉案件的文证审查和司法鉴定。这起民事案件的关键证据是两份落款日期为 2008 年 8 月 20 日的《最高额保证合同》，其中一份盖有"海某有限公司"公章印文，另一份有"李冰（化名）"本人签名。原告依据此合同主张担保人的连带责任，但是被告称，合同上的印章印文及签名是 2008 年 5 月 30 日形成，合同并非真实有效。上述公章印文和签名的形成时间，究竟是 2008 年 8 月 20 日形成的还是如被告所述是 2008 年 5 月 30 日形成的，这关系到合同签订的真实性问题，是本案需要查清的主要事实，也是本案审判的关键。

一审法院委托 A 司法鉴定所对上述印文和签名的形成时间进行了鉴定，A 司法鉴定所

的鉴定意见是："李冰"签名字迹及"海某有限公司"印文是 2008 年 5 月至 6 月时间段形成，也就是说这两份合同不是真实有效的。法院经审查认为："因鉴定结论是具有专门科学知识的鉴定人根据送检材料进行专业测试、鉴别分析后作出的一种结论。鉴定结论作为证据使用是有一定的真实性、科学性与针对性的，较其他证据更具有可靠性。所以，本院有理由相信，被告李冰及被告海某有限公司签字字迹及印文并非形成于 2008 年 8 月 20 日，即两被告在 8 月 20 日未作出过提供最高额保证的意思表示，故原告将 8 月 20 日最高额保证合同作为证据使用缺乏其真实性。原告的此请求，本院难以支持。"

原告不服，提出上诉，二审法院对一审法院采信证据及认定事实经过审查后都予以支持，认为："李冰签名字迹及海某公司印文

的形成时间进行鉴定，鉴定所亦作出了鉴定结论。鉴定所及鉴定人员的资质均合格，鉴定过程不存在违纪违法情形，商业银行对此也无异议。"对于原告提出重新鉴定的要求，认为原告未能举证一审采信的鉴定意见符合重新鉴定的法定情形，也不予支持。最终，二审法院驳回上诉，维持了原判。

原告不服，到检察院提出了抗诉，海门市人民检察院民行科的办案人员在受理案件后，查阅了本案的卷宗，发现A鉴定所《司法鉴定意见书》是本案审判的关键。如果这个案件确实有问题，问题一定出在这份鉴定文书上，但是这份鉴定文书究竟有没有问题，办案人员审查后并未发现在法律程序和形式要件上有什么纰漏，对鉴定书上的专业论述又看不出个究竟，于是向A鉴定所发函予以咨询。该鉴定机构在答复函中对相关技术问题都作出了看似科学的解释，精通法律的民行办案人员面对司法鉴定领域的专业问题一筹莫展。他们想通过委托重新鉴定的形式推翻原结论，咨询了几家国家级的鉴定机构，最后委托到最高人民检察院进行重新鉴定。

二、文证审查查出科学语言掩盖下的重大错漏

最高人民检察院司法鉴定中心在受理审查该案件时，发现该案鉴定所用方法和依据有明显重大错误，会直接导致结论的错误。对于《A鉴定所鉴定意见书》中存在的问题和结论的错误，我们可以通过文证审查的方式将情况说清楚，并在《文证审查意见书》上写明，作为检察机关技术部门辅助办案部门审查证据的工作意见，该文书虽然不能够直接作为证据使用，但是可以用来质证鉴定意见，必要时审查人可以以专家身份出庭，接受法庭的询问对抗鉴定人。对于该案笔迹和

印文真正的形成时间是什么，能否得出一个明确的结论，还要进一步收集符合条件的样本，现有的样本不足以出具一个明确的结论。

我们将受理审查的情况告知办案人员，并建议他们先做文证审查，再视情况做重新鉴定。

经过审查得出结论如下：

1. 对于签名字迹形成时间的鉴定，选用的方法不适用。（1）签名字迹标称时间与怀疑时间间隔不超过3个月，距鉴定时间相差2年以上，所用鉴定方法的灵敏度达不到鉴定要求。（2）签名字迹的墨迹色料以炭黑为主，用溶剂难以溶解。（3）比对样本与检材使用的纸张，在色泽和表面粗糙程度方面呈现肉眼可以分辨的明显差别，该鉴定没有考虑纸张差异对鉴定结果可能造成的影响。

2. 对于印文形成时间的鉴定，所用比对样本不充足，得出结论的依据不充分。（1）鉴定文书中所谓"印文字迹洇散现象，系光敏印章灌注了原子型印油所致"的判断，缺少分析论证。（2）鉴定文书中依据"溶解范围随着时间变化的规律"确定印文形成时间，但缺少总结印章印文特征随时间变化规律的系列样本，只使用了一份比对样本，不足以反映出特征随着时间变化的规律。对印章印文形成时间的鉴定，建议补充样本重新鉴定。

三、重新鉴定还原案件真实情况

经过综合考虑本案中两份《最高额保证合同》的文件制成材料以及案情的情况。专家组一致认为，对于本案中李冰的签名字迹目前尚无有效的方法鉴定书写时间，对于"海某有限公司"的印章印文可以使用阶段性变化特征的方法进行鉴定。在送检单位补充印章印文的阶段性样本后，将印章印文的形成时间纠正为2008年7月2日以后盖印形成。

检察机关据此对本案提出了抗诉。

四、关于本案鉴定意见审查的思考

对于这起案件，同一份鉴定文书，法官和办案检察官对鉴定意见的审查多是从证据的证据能力方面进行审查，检察技术人员的审查则是对证据的证明力进行实质性的审查。那么，为什么司法人员对鉴定意见的会有纰漏和困惑，一份鉴定书，审查什么、如何审查才是有效的审查。

（一）鉴定意见需要审查什么

作为证据形式的一种，鉴定意见的证据能力和证明力构成了证据审查的两个方面。鉴定意见证据能力的审查主要是鉴定的主体、程序和形式的合法性问题。鉴定意见证明力的问题，主要是鉴定意见的实质内容对案件有无证明效果以及证明程度的问题，也就是从科学技术角度对鉴定意见可靠性问题的审查和与案件关联性的审查。鉴定意见可靠性问题的审查正是鉴定意见证明力实质性审查的关键，也是司法人员的困惑所在。

（二）影响鉴定意见的可靠性因素

在一个司法鉴定案件的办理中，以下五个方面的内容都可能影响鉴定意见的可靠性，这也是技术部门对一份文检鉴定意见进行文证审查的核心内容：

1. 检验方法的科学适用性。包括所用方法基本原理的科学性和成熟性，该方法对于检验要求及检验对象的适用性，鉴定环境、仪器设备是否满足检验方法的要求，鉴定人员对该方法的理解程度及应用能力情况。

2. 鉴定材料的适用性。包括鉴定材料的质量和数量是否达到检验方法的要求，与鉴定结果相关的信息反映是否充分，对用于同一认定的鉴定样本来源、提取方式、提取时间等信息是否明确。

3. 检验过程的科学规范性。检验步骤过程与相关标准及规程的符合程度。

4. 分析论证的充分性和严谨性。分析论证的依据是否对应客观的检验结果，案件中存在对鉴定意见有影响的各种因素是否包含在分析经过论证中，分析论证是否严谨，各种其他的可能情况是否经过论证能够排除。

5. 鉴定文书的规范性和鉴定意见的准确性。鉴定书行文是否规范，专业术语的使用是否准确，对于各种专业概念的理解界定是否清晰，检验结果的标识是否准确规范，鉴定书的内容是否充分，鉴定意见的表述是否准确科学。

（三）司法人员对鉴定意见审查感到困惑的原因

由上面的分析论述，我们可以看到，鉴定意见证明力审查的专业性要求非常突出，与其他言词证据不同，它的审查是以专业的科学知识为基础，并非大多数人的日常认知可以判断。纵然英美法系国家庞杂的证据规则大都也只是规范证据的证据能力（英美法系为证据的可采性或许容性），对于证明力的评价，无论是英美法系还是大陆法系国家，主流的做法还是依靠法官和陪审团的日常经验和理性进行自由评价。然而对于证据的自由评价，无论是"排除合理怀疑"或是"内心确信"都是建立在司法人员对所判断对象具有必要的认知和积累的基础上，如果缺少这样的基础，所谓的自由心证就真的变成了一种"自由"。问题的关键是，在现实中我们的司法人员正是因为缺少这种对专门性问题认知和评价的能力才委托鉴定，如果再反过来让他们就专业意见从专业技术的角度进行证明力的评价和判断，显然是不合逻辑的。这也正是本案相同的一份鉴定书在法官的眼里是科学的，在办案检察官眼里是困惑的，在专业人员的眼里有明显问题的原因。

　　这是一件极其普通的民事抗诉案件，在最高人民检察院司法鉴定中心办理的众多案件中，无论是技术难度、社会影响、案件的级别和诉讼标的都并不出众。但是，正是因为它的普通才能作为这一类案件的代表，让我们对文书鉴定意见审查的必要性和特殊性有了深入的认识。希望这起普通的民事案件能够为我们的检察官和法官在鉴定意见的应用方面起到警示作用，在鉴定意见的审查方面拓宽思路。▲

压痕显现，拨开"借条"迷雾

本案是一起运用检察技术文检专业知识服务办案一线的典型案例。鉴定意见在河南省唐河县人民检察院办理的李某涉嫌受贿案中起到了关键作用。充分发挥司法鉴定中心文检实验室的优势，运用精良仪器准确显现压痕字迹，及时为自侦部门办案工作驱除"迷雾"。案件顺利侦破。最终，鉴定意见作为主要证据之一，李某受贿罪名成立，获刑有期徒刑 7 年。

文 | 河南省唐河县人民检察院

一、案情简介

2013 年 7 月 18 日，河南省唐河县人民检察院匆匆送来一张残缺不全的疑似笔记本用纸，首行书写"借条"，内容涉及金额 10 万元，要求鉴定借条上书写字迹是不是落款人"某某"本人所写。经过简单了解案情和书写嫌疑人基本情况，得知该某某是当地一富商陈某之妻，缘何一个拥有千万资产的商人会向年收入不足 4 万元的国家工作人员借款？还因此被卷入这起经济犯罪案件？

2013 年 6 月 14 日，河南省唐河县人民检察院对李某（男，44 岁，本科文化程度，时任唐河县公安局交警大队副大队长兼事故中队中队长）以涉嫌受贿罪立案侦查，侦查中发现，李某任职期间，利用职务之便，收受他人贿赂现金、实物折抵合计约 11.6 万元，其中，非法收受商人陈某贿赂 7.5 万元，为陈某谋取利益。随着案件的顺利进展，侦查环节已接近尾声，鉴于李某涉嫌受贿一案事实清楚，证据确实充分，眼看着就可以如期将李某依法以涉嫌受贿罪移送审查起诉了，谁知，意想不到的事情发生了。

一张突如其来的"借条"飘然而至，持有人是涉案嫌疑人李某的妻子邱某，邱某声称办案人员认定李某收受陈某 7.5 万元贿赂有悖事实，2012 年年底，李某曾借给陈某 10 万元，有此"借条"为证。按照邱某的说法，案件中认定的 7.5 万元赃金是基于借款而产生的还款行为。几乎就在同时，嫌疑人李某也一口咬定"是还借款和利息，不是受贿"。

就这样，一起即将告破的重大经济犯罪案件不经意间被一张"借条"击败，这张"借条"像一团迷雾，一时蒙蔽了侦查人员的双眼，案件暂时搁浅。

要想拨开迷雾，当务之急就是鉴别"借条"的真伪。所以这才出现了文章开头侦查人员行色匆匆送检的一幕。

按照自侦部门提出的鉴定要求，鉴定人

使用常规检验方法，将借条书写字迹与某某本人案前平时样本笔迹二者进行比对，得出认定同一的鉴定意见，显然与鉴定人了解到的自侦部门事前确立侦查思路背道而驰，相反，倒有利于支持邱某的主张。

检验鉴定原则固然要求科学、公正、真实，但一想到检察机关司法鉴定中心主要担负着为检察机关办案一线提供技术服务的任务，鉴定人就不免自责，怎样能为侦查人员及时解惑？鉴定人苦思冥想，要不要换一种角度进行检验？借条书写人虽然确定，但纸张来源、书写工具，都有待于深入探索，说不定就可以借此发掘事实真相。经过侦查人员和鉴定人的共同努力，正应了那句俗话："功夫不负有心人"，终于让我们发现了一条通往破解借条真相的蹊径——就在侦查人员依法调取证据的过程中，发现了一本某某的《工作手册》，经过甄别，该手册内页页面和邱

某出示的借条二者纸张同一。

这本看起来略显陈旧的《工作手册》，使案件有了新的转机。

通过与侦查人员沟通，变更委托要求，使原本单单认定书写人的思路及时转化到检验某某"2013年"、"工作手册"上指定页次空白页面的压痕字迹上来，通过检验鉴定，以期达到显现压痕字迹内容，确定与借条内容是否同一的目的。如果证实确如预想的那样——"借条"是在笔记本上第6页书写完成以后撕扯下来，那么，产生于"2012年12月10日"的借条就不应该出现在"2013年登记"的《工作手册》上。换言之，如果显现结果与"借条"内容同一，届时，邱某的谎言将不攻自破，其出具借条的行为无疑就是一场骗局。

沿着这个思路，全组大多数侦查人员都把注意力集中在技术检验鉴定上，期待着能

有新的惊喜。

与传统的笔迹检验鉴定案件相比，压痕字迹检验较为罕见，而且对检验条件要求相对苛刻，对于长年奋战在基层检察机关的鉴定人，这种检验还是第一次。由于关系到李某涉嫌受贿一案是否能够按期顺利办结，鉴定人丝毫不敢懈怠。

秉承河南省南阳市人民检察院司法鉴定中心"崇尚科学、尊重事实、公正执法"的办案理念，本着一贯认真负责的专业态度，鉴定人首先选用侧光检验法，观察到《工作手册》指定页次上的压痕受力相对均匀，压痕笔画大致清晰，隐约可见"借条"等字。后来，又发现通过拍照固定影像效果远远达不到预期，借条内容文字显现不够完整清晰，经过反复实验，效果仍然一般。身处司法鉴定中心文检实验室设备精良的优越环境中，当然要考虑使用仪器进行检验，在充分保护检材原件不受损坏的情况下，再三权衡，最终选择静电压痕显示仪检验法。利用静电潜影显现原理，真实再现笔记本上凹凸不平的压痕字迹。随着墨粉颗粒的均匀喷撒，"借条"、"今借到邱某现金"、"壹拾万元整（￥100000.-）"、"……息"、"分/1年"、"黄……"、"2012年12……"，这些字样按照借条的基本布局——清晰再现。

侦查人员按照法定程序，向邱某告知作为证据使用的宛检司鉴〔2013〕第157号文件检验鉴定意见，不等宣读完，邱某就已心知肚明，先前的委屈表情，如今换成了一把鼻涕一把泪的忏悔。在事实面前，谎言不攻自破。商人之妻某某在得知检察机关鉴定意见之后，也主动向侦查人员和盘托出了实情："借条的确是我写的，这是邱某在她丈夫出事以后，多次来找我，求我给她写的，因为

她丈夫没少关照我们生意。"至此，李某涉嫌受贿案人为制造的"迷雾"终于消散殆尽。在确凿的证据面前，李某不得不低头认罪，如实交代了收受陈某贿赂的全过程。

河南省唐河县人民检察院以受贿罪于2013年8月23日对李某提起公诉，同年11月12日，河南省唐河县人民法院以受贿罪判处李某有期徒刑7年。至于邱某和黄某，已移交有关机关另案处理。

二、办案体会

这无疑是一起运用检察技术文检专业知识服务办案一线的典型案例。该案中，鉴定意见作为重要证据之一，起到了关键性的作用。侦查人员表示"这利器真好使，以后有啥难题还找鉴定中心"。

推荐理由

本案是一起运用检察技术文检专业知识服务办案一线的典型案例。鉴定意见在河南省唐河县人民检察院办理的李某涉嫌受贿案中起到了关键作用。充分发挥司法鉴定中心文检实验室的优势，运用精良仪器准确显现压痕字迹，及时为自侦部门办案工作驱除"迷雾"。案件顺利侦破。

每一起司法鉴定案件的成功办理，它的影响力都是多方面的。对于送检单位，只有真真切切品尝到技术服务办案的甜头，才会产生对检察技术工作的心理信赖和业务支持；对于案件当事人，当其想方设法隐藏的真相大白于天下时，才会在内心深刻理解检察机关"严格执法，不枉不纵"的内涵；对于鉴定机构，会在无形中提高检察机关司法鉴定

中心的知名度和公信力；对于技术鉴定人，基于行业内"业精于勤"原理，又积累了另外一种办案经验。该文检案件的办理，就兼顾了以上种种。▲

强化法律监督　保障拆迁秩序

该案涉案金额大、媒体关注度高，涉及补偿款高达 1500 万，金额巨大，媒体高度关注，倘若稍有疏忽，可能引发舆论不满及广泛炒作。我们出具的鉴定意见成为定案的关键证据并通过出庭质证保证鉴定意见被当事人采纳，避免矛盾激化，有效化解了矛盾纠纷，为案件成功办理起了关键的作用。

文 | 江苏省人民检察院　　张爽　宋歌丽

房屋拆迁是城市建设的重要环节，在改善人民群众的住房条件、促进旧城区改造和城市环境改善等方面作用明显。然而，近几年，在城市房屋拆迁过程中，不断出现大量的拆迁纠纷，面对巨额拆迁补偿费的诱惑，一些不法之徒打起了拆迁的主意：有的预谋诈骗，有的公开作假，目的就是骗取更多的补偿款。关注拆迁领域问题也是当前检察机关强化法律监督、深化检察工作的一项重要内容。

一、简要案情

2012 年 11 月，南京市玄武区人民检察院反渎局在办理杨某涉嫌行贿一案中，发现玄武区红山街道辖区小营村被拆迁户周某有勾结国家工作人员伪造印章骗取拆迁补偿款的嫌疑，案件由反渎局进行初查。侦查过程中，办案人员了解到，1992 年周某对位于某街道的房屋办理了"建房许可证"。2002 年 4 月，周某申请南京市玄武区建设局换发新的规划许可证，2002 年 5 月，南京市玄武区建设局考虑到区规划的历史原因及现实情况，为周某换发了新的规划许可证。后来，周某在原来建房许可面积的基础之上，又加盖了多个门面房。经过侦查人员不断排查和调查取证，发现周某 1992 年的建房许可证存在造假嫌疑。由于当事人周某已经去世，其妻子曹某一再声称"房屋许可证"是按照国家法定程序办理的，绝对没有造假，并且要求南京市玄武区政府按照规定补偿其拆迁款 1500 万元。

事已至此，"房屋许可证"是否涉嫌造假，成为案件定性和是否涉及补偿的关键。为了查明案件事实，检察机关决定委托我处对涉案"房屋许可证"上的"南京市乡村建设办公室"印文的真实性进行鉴定。

二、办案经过

受理案件后，考虑到案件的复杂性和重要性，我们向侦查人员详细了解了案情，并且对检材、样本的来源，检材、样本的可靠性进行了评估分析，经过初步审查符合受理条件后，立即着手进行鉴定。

与以往办理的印文鉴定不同，该案具有两点特殊性：一是检材印文"南京市乡村建设办公室"为1992年盖印形成，距离现在已二十年之久；二是样本印文单一。送检单位收集提取的样本印文均是许可存根上的印文样本，且均为半枚印文，其间又逢机构改革，原来的印章已经注销，又不能补充完整的印文样本，一时间，该案的鉴定难度陡增。

然而，鉴定人并没有被眼前的困难吓倒，经过对检材印文和样本印文的分别检验，我们发现，检材印文虽然年代久远，但是盖印清晰完整，字形字体以及笔画的尖角形态特征表现良好；样本印文虽然都是左侧半枚印文，但均为同期自由样本，数量充足，特征反映稳定。经过进一步比对检验，我们发现检材印文和样本印文在单字的写法、字迹笔画的尖角形态、搭配比例以及五角星的大小等诸多方面存在差异，经过综合评断，我们得出了送检建房许可证的印文与样本印文不是同一枚印章盖印形成的鉴定意见。

三、办案效果及作用意义

（一）鉴定意见被采纳，检察建议挽回损失

收到鉴定书后，玄武区人民检察院当即依据我们的鉴定意见向玄武区住建局发出"建房许可证上的印文与送检的真实印文不是同一枚印章盖印形成。为避免国家及个人财产造成损失，特将此情况告知你局，建议你局认真核查，依据行政法规依法处理"的检察建议。玄武区住建局于2012年12月作出决定：根据江苏省人民检察院检验鉴定文书意见，周某申请换发规划许可证时递交的原栖霞区迈皋桥乡的建房许可证为假证。根据《中华人民共和国行政许可法》第69条第2款之规定，我局决定撤销原玄武区建设局发的规

划许可证。周某骗取国家拆迁补偿款的阴谋没有得逞，我们的鉴定意见为国家挽回经济损失1500万元，成为检察机关强化法律监督的利器。

（二）鉴定人积极出庭质证，当事人接受鉴定意见

住建局"关于撤销周某规划许可证的决定"一经发出，周某的妻子曹某不服，多次到我院申诉，要求鉴定人对鉴定书进行解释。应当事人要求，我们接见了当事人及其律师，对鉴定书进行了解释，并且表示，如果对鉴定书存在任何异议，可以申请鉴定人出庭质证。

2013年5月，我们应当事人及其律师要求，赴玄武区政府参加该案听证会，对出具的鉴定书接受质证。庭审期间，我们首先出具了鉴定机构、鉴定人资格证书，对检材样本来源的可靠性、依据方法的科学性、出具鉴定意见的客观性进行了详细的分析解释，并针对当事人及其律师提出的问题进行了认真答复。庭审结束后，当事人及其律师对我们出具的鉴定书不再异议，接受住建局的撤销决定。此案的成功办理得到了南京市政府机关的高度肯定，收到了很好的法律效果和社会效果。

四、关于此案的分析思考

鉴于此案的复杂性、特殊性，笔者有几点分析思考。一是案件涉及敏感领域。近年来，随着城市化进程的加快，征地拆迁领域的矛盾越来越多，因征地拆迁、补偿安置引发的群体性事件时有发生。此案不仅涉及国家工作人员渎职，更涉及房屋违建、拆迁补偿问题，稍有处置不当，可能引发不良后果。二是案件涉案金额大、媒体关注度高。此案涉及补偿款高达1500万元，金额巨大，事件曾经被

南京电视台的《东升工作室》报道，媒体高度关注，倘若稍有疏忽，可能引发舆论不满及广泛炒作，影响检察机关的法律公信力。三是鉴定意见成为定案的关键证据。是否违建、是否应当补偿、是否存在渎职，都靠鉴定一锤定音。该案件的核心是"规划许可证"是否存在造假，鉴定意见成为案件办理的主要证据。通过对"规划许可证"中的印文鉴定，保证了重要证据的客观真实性，对案件定性意义重大。四是通过出庭质证保证鉴定意见被当事人采纳，避免矛盾激化。由于此案涉及金额巨大，当事人一度对鉴定意见持有异议。通过出庭质证，很好地展示了整个案件办理程序的公正性、鉴定流程的规范性、鉴定方法的科学性、技术水平的专业性、鉴定意见的客观性，鉴定人通过对当事人及其律师提出问题逐一解释、耐心答疑，最终完全打消了当事人对鉴定意见的疑虑和异议，有效化解了矛盾纠纷，为案件成功办理起了关键的作用。五是充分发挥了检察技术部门在法律监督中的独特作用。此案是检察机关强化法律监督重要作用通过技术手段显现的成功案例。

意义重大。通过出庭质证保证鉴定意见被当事人采纳，避免矛盾激化。此案充分发挥了检察技术部门在法律监督中的独特作用。▲

推荐理由

推荐案件涉及敏感领域。近年来，因征地拆迁、补偿安置引发的群体性事件时有发生。此案不仅涉及国家工作人员渎职，更涉及房屋违建、拆迁补偿问题，稍有处置不当，可能引发群体性事件。

该案件的核心是"规划许可证"是否存在造假，通过对"规划许可证"中的印文鉴定，保证了重要证据的客观真实性，对案件定性

多印章快捷比对鉴定一例

文 | 江西省宜春市人民检察院　　江雅蓉

　　宜春市公安局经侦支队经侦查发现，犯罪嫌疑人徐某、贾某、付某在 2011 年至今通过伪造建设规划许可证、土地证到宜春市房管局替他人办理房产证、伪造建设规划许可证、土地证共 22 份，并伪造了宜春市城乡规划局、宜春市国土资源局的公文印章，故于 2013 年 10 月 12 日委托宜春市人民检察院司法鉴定中心对涉案印章进行检验鉴定，要求证明送检的建设工程规划许可证上的"江西省宜春市城乡规划建设局"印章印文与宜春市城乡规划建设局提供的样本印文是否同一枚印章所盖印。

　　全例涉及的印章检材多达 22 份，经过初步比较，其中假印章存在多枚，且盖印时间段相互夹杂，以一一比对法不仅耗时费力，而且容易造成比对混乱，严重影响鉴定效果。因此鉴定人员运用电脑图像处理软件比对，把一一比对与分组比对结合起来，比对思路清晰，方法快捷有效，筛选归类结果准确，

为后一步的传统检验创造了条件。

　　首先我们按照建设工程规划许可证上的城规字编号把检材进行编号，把扫描仪设为 24 位真彩色，分辨率设为 600dpi 左右，所有检材和样本都使用相同的色彩模式和分辨率。为减小文件体积，通过扫描预览选定待检验部位，将其他区域排除，但保留比例尺。

　　然后通过扫描获取到样本图样 1 张，编号为样本，检材图片 20 张，编号为 1~20，全部导入 Photoshop，点击窗口→排列，选取双联垂直模式，两图层并列完整显示。用移动工具将样本图像拖入检材窗口，调整样本图层透明度至 50% 左右，用移动工具进行比例尺重合比对，如完全重合则显示两图大小一致（如图 >>1 所示）。

>>1

对于红色的样本和检材，直接运用色阶加大图像对比度，再加大饱和度使其成为鲜艳的红色；对于黑白复印件的检材应为其上色，调出色相／饱和度工具，选定"着色"单选框，调整色相滑块，让黑白检材的颜色成为绿色，调高饱和度，使其颜色浓郁，图 >>2 为处理前后的对比。

>>2

将视图切换到"将所有视图合并到选项卡中"，先在选项卡中点击检材，双击图层面板中的缩略将背景转为图层，在对话框中取名为"样本"；点击 1 号检材，点击"图层"、"复制图层"命令，弹出对话框，取名为 1，目标选择为"样本"，确定后在样本中成功添加入 1 号检材图层。依次操作，将 1~20 号检材全部作为图层导入样本中。

将两图层的中心控制点置于五角星或印章中心，隐藏样本图层，从标尺上拉出水平参考线至中心五角星位置，用自由变换工具旋转和移动五角星，使五角星上水平线与参考线对齐，同理处理检材图层。对无五角星的检材，则以第一字的最低点与最后一字的最低点为水平线，与参考线对齐。此步骤只能移动和旋转，切忌误拉动边框九个控制点导致出现图像缩放现象；重合定位：水平定位完成后，将样本图层的透明度调为 50% 左右，利用移动工具将其拖动与检材图层进行重合。重合定位应遵循以下步骤：首先是中心五角星重合。因检材印文质量的差异，常导致水平定位不准，这时可利用自由变换工具进行旋转微调，使上下图层完全重合。其次是印文重合。经过上步处理后，如检材和样本为同一印章所盖，两图层的印文基本能重合，但事实上由于盖印力度、质量等原因，经过上步处理后印文大部分还存在细微差异，可将图像放大至满屏，用自由变换工具进行精细调整，一般可达到完美重合的效果。

将检材 1 与检材 2 以外的图层隐藏，将检材 1 重命名为 1-G1（即检材 1、组 1），用以上比对方法将检材 1 与检材 2 比对，有明显差异则将检材 2 命名为 2-G2，无差异则命名为 2-G1，完成后将检材 2 隐藏，显示检材 3 与检材 1 比对，以此类推，可将全部图层分成数个组，再每组挑 1 个图层与样本层比对差异。本例共分成 3 组，每组均与样本存在差异，说明存在 3 个与样本不同的印章。

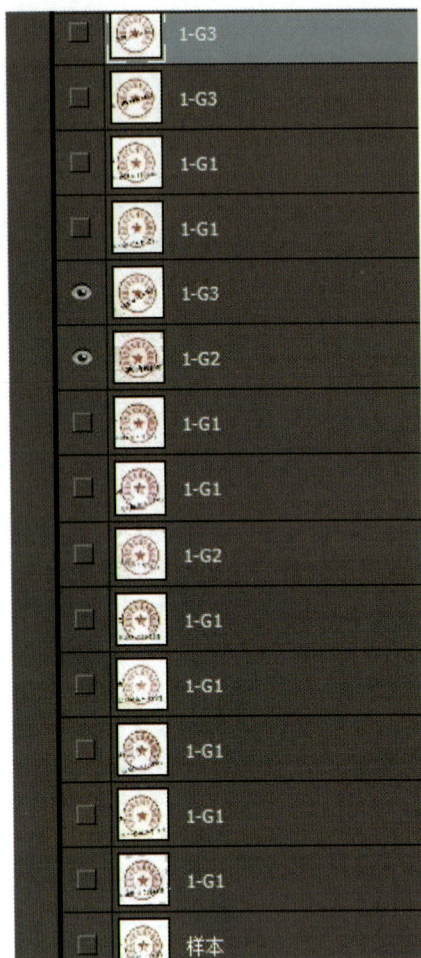

>>3

电脑比对完成后，依照编号将纸质检材分组，分别与样本进行手工透光比对及印文笔画特征甄别，得出该案中21份建设工程规划许可证共使用了3个不同的假"江西省宜春市城乡规划建设局"印章。经透光及电脑比对，检材中时间为2009年11月18日、2009年12月13日、2009年12月15日、2009年12月23日的建设工程规划许可证为同一枚印章所盖印，检材与样本印文均系阳文；将二者重叠检验，重叠不一致；经进一步比较检验，发现二者在印文的细节特征上有本质的差异，如"江、省、市、城、划"

的点笔；"西"的竖画；"宜、春、规、设"的搭配位置等特征，如图 >>4 所示。

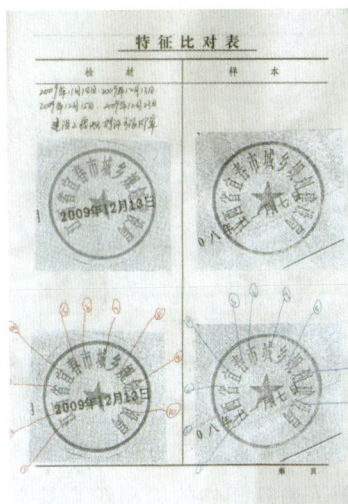

>>4

检材中时间为2006年5月13日、2006年9月16日的建设工程规划许可证为同一枚印章所盖印，检材与样本印文均系阳文；将二者重叠检验，重叠不一致；经进一步比较检验，发现二者在印文的细节特征上有本质的差异，如"江、省、市、城、划"的点笔；"西"的竖画；"宜、春、规、设"的搭配位置等特征，如图 >>5 所示。

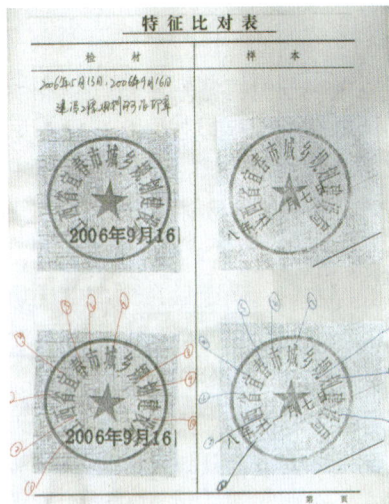

>>5

检材中时间为 2009 年 5 月 13 日、2009 年 6 月 12 日、2009 年 9 月 13 日、2009 年 9 月 15 日、2009 年 9 月 18 日编号分别为（2013）015-2、013-9（2 张）、013-16、012-2、013-18、013-5、013-10、012-16、014-10、013-23、013-8、013-22（2 张）、013-32 的建设工程规划许可证为同一枚印章所盖印，检材与样本印文均系阳文；将二者重叠检验，重叠不一致；经进一步比较检验，发现二者在印文的细节特征上有本质的差异，如"江、省、市、城、划"的点笔；"西"的竖画；"宜、春、规、设"的搭配位置等特征，如图 >>6 所示。

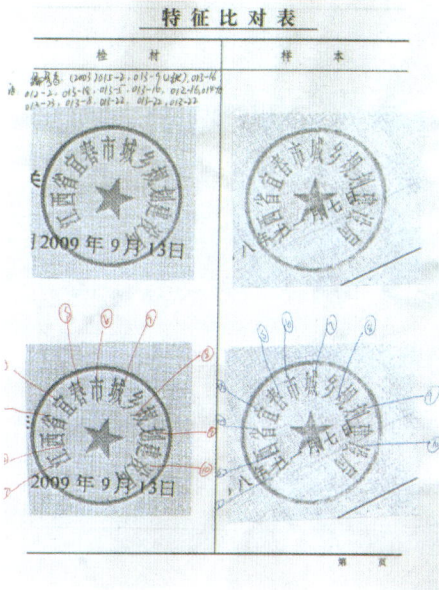

>>7

时间为 2009 年 6 月 8 日的国有土地使用证上的"宜春市土地勘测规划服务中心勘测专用章"印章印文与样本印文均系阳文；将二者重叠检验，重叠不一致；经进一步比较检验，发现二者在印文的细节特征上有本质的差异，如五角星的大小及位置；"市"的点笔；"测、规"的搭配位置等特征，如图 >>8 所示。

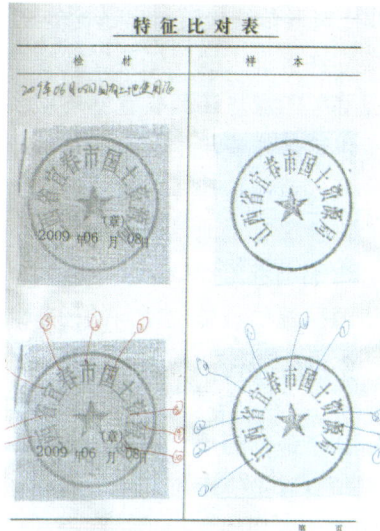

>>6

时间为 2009 年 6 月 8 日的国有土地使用证上的"江西省宜春市国土资源局"印章印文与样本印文均系阳文；将二者重叠检验，重叠不一致；经进一步比较检验，发现二者在印文的细节特征上有本质的差异，如"江、市、宜、国、资、源"的点笔；"西"的竖画；"省、春、局"的搭配位置等特征，如图 >>7 所示。

>>8

通过电脑比对及传统检验得出送检的 21 份建设工程规划许可证上的"江西省宜春市城乡规划建设局"印章与江西省宜春市城乡规划建设局提供该单位使用的印章加盖的印文也不是同一枚印章所盖印；送检的时间为 2009 年 6 月 8 日的国有土地使用证上加盖的"江西省宜春市国土资源局"印文与江西省宜春市国土资源局提供该单位使用的印章加盖的印文也不是同一枚印章所盖印；送检的时间为 2009 年 6 月 8 日的国有土地使用证上加盖的"宜春市土地勘测规划服务中心勘测专用章"印文与宜春市土地勘测中心提供该单位使用的印章加盖的印文也不是同一枚印章所盖印。

此例鉴定共出具了五份鉴定书（2013 年 50 号、2013 年 51 号、2013 年 52 号、2013 年 53 号、2013 年 54 号）参与鉴定的人员为詹晓鹰、陈立生、江雅蓉、张军。

宜春市公安局经侦支队收到鉴定意见书后，以诈骗罪名移送起诉了犯罪嫌疑人徐某、贾某、付某三人，此案正在起诉阶段。

推荐理由

此例鉴定采用了 Photoshop 电脑技术对多枚印章进行了比对，比传统的透光检验更加精确及快捷，并且 Photoshop 软件是现在较为常用的软件，易于操作，是印章印文鉴定的一种新的尝试方向。▲

一起举报案件中伪造证件的检验案例

本文介绍一起伪造国家《二级运动员证书》的鉴定过程，文检鉴定人员如何在伪造证书的材质为真实的情况下，敢于创新，不拘泥于一点，从而找出假证书的纰漏，给出公正、客观的鉴定意见，不仅为案件侦查指明了方向，更为案件扩大了战果。

文 | 辽宁省大连市人民检察院　　吕刚　王虓　郭玉超

一、案情简介

2012 年某月，我市纪检部门接到多数家长举报，称某单位王某多次利用职务之便，为他人办理国家《二级运动员证书》，并从中谋取私利，涉嫌贪污受贿罪，其间还致使他们的子女在高考录取时受到很大的影响。不仅案件性质严重，而且在社会上造成了极其恶劣的影响。后纪检部门将此案件交由我市甘井子区人民检察院反贪局办理。2013 年 4 月 7 日，我院技术处受反贪局委托，对该案中《二级运动员证书》真伪进行鉴定。如果证书本身的材质、制作工艺及审批单位印文等方面均系伪造，本案也只是涉及王某的个案，反之，则很可能会涉及其单位的很多相关工作人员，甚至部分高层领导。考虑到王某系某体育局内部的工作人员，熟知办理该证件的程序及各个环节，谈话期间，更是对案情矢口否认，因此，鉴定此证书的真伪，决定着案件的走向。

二、检验鉴定

检材证书系原件，姓名为"陈某"，规格为 88mm×125mm，前后封皮采用纸质胶化覆膜工艺，其中证书封皮为暗紫色，封面字迹及徽标系模压烫金工艺，随封皮缝合内芯纸一张，上有相关文字、照片、印文、钢印、底纹、纤维等信息。样本证书中的姓名为"张某某"。

将检材与样本进行比对检验，在规格、颜色、工艺等方面均表现一致，二者在文检仪里作荧光反应实验，无论是防伪线，还是底纹的荧光也均表现一致（见图 >>1、图 >>2）。

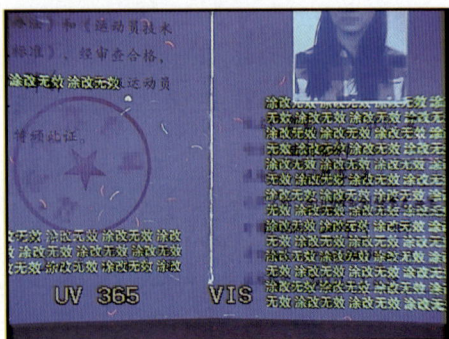

>>1 检材

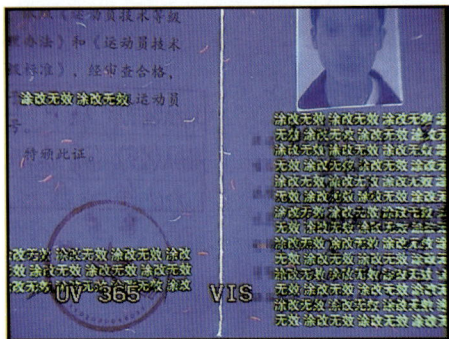

>>2 样本

唯一的差异点是检材证件中审批单位印文的内容为"某省体育局",而样本中审批单位的印文内容为"某市体育局",而这两枚印文的内容表现出根本不是同一单位的印章盖印,因此,不具备可比性。至此,案件似乎就要陷入僵局。然而鉴定人员却没有丝毫的放弃,而是耐下心来认真分析研讨,并且不是仅仅局限于委托鉴定的要求,而是从宏观入手,多次找到侦查员了解案情及真实证书的形成过程,在了解案情过程中,补充了样本,增加了大量的检材,找出较多支撑点,不仅得出了客观公正的鉴定意见,还原了案件事实真相,更加保证了嫌疑人伪造的假证中没有"漏网之鱼"。

三、鉴定过程

1. 了解案情及证书的审批单位。通过多次与侦查员沟通,了解案情,发现《二级运动员证书》不需要辽宁省体育局审批,只要大连市体育局审批即可,因此,便可以初步怀疑检材的形成过程。此外,犯罪嫌疑人王某系某体育局内部工作人员,熟知运动员证书的办理过程,并且其本人能够接触到空白真实的运动员证书,因此我们怀疑王某很可能使用真实的空白运动员证书,而在其内容上面造假。至此,我们便和侦查员一同开始搜集相关样本,数日后,搜集到一本真实的国家《一级运动员证书》,该证书除封皮为鲜红色、审批单位盖有"辽宁省体育局"印文外,其余方面如工艺、材质等方面均与《二级运动员证书》一致,将检材中的印文及钢印与样本中的同名印文及钢印进行影像重合对比,均有较大差异,且属于本质差异,至此,侦破案件的胜利之门已被逐渐打开了。

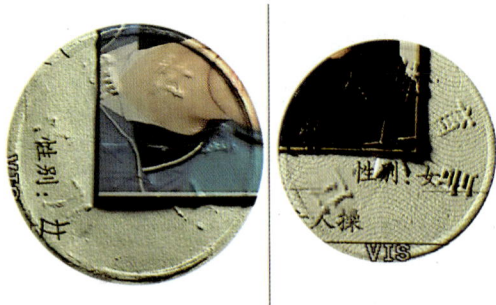

>>3 检材与样本的钢印经过同比例放大后对比

2. 不断深挖,不漏过任何蛛丝马迹。在与侦查员沟通,了解案情的过程中,由于举报人称王某多次收受贿赂,帮人违规办理运动员证书,而真证书的材质是有限的,考虑到嫌疑人很可能在真实证书材质不够的情况下使用假材质。因此,鉴定人员向侦查员提出能否提供涉案的其他存疑运动员证书的要求,数日后,侦查员又提供了5本《二级运动员证书》,将此5本证书与样本进行对比后有了豁然开朗的感觉,因为此5本证书在材质、制作工艺、印文、钢印等方面均表现出诸多差异，且均可断定为本质差异。

3.交叉比对，扩大战果。将先送检的1本证书与后送检的5本证书中的手写字迹进行交叉比对:（1）在字体结构、相同字的写法、书写习惯等特征均相符合，构成笔迹检验同一认定条件;（2）同名印文及钢印在印文规格、印记特征、字与字、字与边框搭配及细节等特征均一致，各自构成印文统一认定条件。再将6本检材证书分别与两本证书进行比对检验:（1）6本检材证书中的印文及钢印与样本中的同类印文有本质差异;（2）后送检的5本证书与样本中同类证书在封皮模压烫金工艺、内芯纸底纹印刷工艺、纸张中的纤维线及荧光线、内芯缝线荧光反应等处存明显差异，如图 >>4、图 >>5 所示。

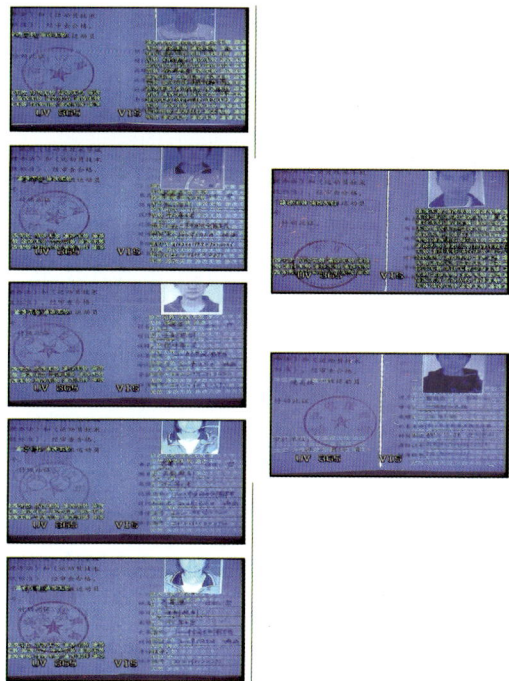

>>4 检材与样本的荧光反应对比

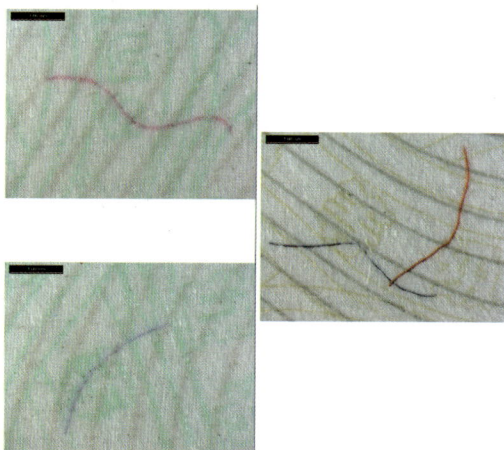

"纤维"系打印形成　　　　　真实彩色纤维

>>5 检材与样本局部放大30倍比对图片

至此，鉴定人员已经有足够的信心给出正确的鉴定意见了。

四、几点启示

1.充分了解案情，把握本案鉴定的关键所在，各个击破。

2.坚持从宏观到微观再到宏观的鉴定理念，整理好鉴定思路。

3.不拘泥于委托方的鉴定要求，积极保持沟通，注重鉴定意见对侦查破案的实际效果。

4.多种技术手段并用，相互印证，提供更加准确有效的鉴定意见。

推荐理由

该案犯罪嫌疑人利用职务之便，为他人办理国家《二级运动员证书》，从中谋取私利，在社会上造成恶劣影响，文检鉴定人员在伪造证书的材质为真实的情况下，敢于创新，从而找出假证书纰漏，给出公正、客观的鉴定意见，让案件得以查明，让嫌疑人认罪起到了不可或缺的作用。▲

对两例蒙古语签名字迹案例探析

文 | 内蒙古自治区兴安盟科右中旗人民检察院

笔迹鉴定是根据人的书写技能习惯特征、在书写的字迹与绘画中的反映，来鉴别书写人的专门技术。其主要是通过笔迹的同一认定检验，证明文件物证上的笔迹是否为同一人的笔迹，证明文件物证上的笔迹是否为某嫌疑人的笔迹。全国各地在生活和工作当中使用蒙古文字的人数占的比率相当大近570万人，在内蒙古自治区更加集中，因此在办案中经常碰到用蒙语文书写的材料和相关资料，那么如何在蒙语文文字中使用笔迹鉴定的精髓，又能有效地检验出蒙语文笔迹的真伪至关重要，它为维护社会和谐稳定、公平正义发挥了重要作用。

一、简要案情

在内蒙古兴安盟科右中旗嘎查牧民（蒙古族）与土地承包商于某（汉族）发生了土地纠纷，案件的焦点就在一份《中止土地承包证明书》上，承包商于某称承包时间没有结束，土地不能还给嘎查，但有几名牧民拿出了一份有几十名村民的蒙汉双语签名的《中止土地承包证明书》称承包期已过，有嘎查半数以上的牧民的签字收回土地的证明。双方上访告状好几年、通过了两级法院的审判，但是一方始终不服又通过了审判监督程序申诉到检察院。科右中旗人民检察院党组特别重视此案，成立了由院领导带队民行科和技术科组成的特别办案组，到了实地进行走访调查、取证，了解案件的来龙去脉，并对涉案的几十名村民和土地承包户进行突审，对土地中止承包证明书上的蒙汉双语文签写的笔迹进行一一检验。检验后发现证明书上的很多签名都不是本人的字迹，证实与本人无关，都是有几名牧民冒名签名，最后平息了一起群体上访的案件。

二、如何检验蒙古语文字

蒙古语是古老的民族语言之一，属于阿尔泰语系蒙古语族，分布在中华人民共和国、蒙古国和俄罗斯等国家，中国境内的蒙古语

言主要分布在内蒙古、新疆、青海、甘肃、辽宁、吉林、黑龙江等省、自治区。蒙文字都是根据对回鹘式蒙古文文献的分析拟订出来的，一般认为有 19 个字母。其中，表示元音的有 5 个，表示辅音的有 14 个。大部分字母有词首、词中、词末 3 种变体。那么如何检验有以下几个步骤。

1. 检验以前首先把检验的蒙文字以它们的字中位置分开来，如：以上土地纠纷案例中涉案人 "ᡈ ᡏ" 和 "ᡞ" 两位涉案人的名字可以分成若干部分，分解后我们再分析涉案人的书写习惯特征。如：《 ᡈᠠᡏᠠᡞᠨ ᡈ ᡏ 》。

2. 同样的一个字写法很多。ᡏ ᡤ 特征和汉字的特征基本相同，有行书、楷书、草书、艺术字等，检验方法有些不同：（1）蒙语文字看它的腰（直不直）；（2）看它的形成中有停顿。

3. 检验以前用印刷楷体字对照检材，找出书写人的书写习惯和书写水平，蒙语文字是很多字母上下连起来的，所以书写当中很容易丢字母，即使常用蒙语的人也避免不了丢字母。

4. 蒙语文的语法中有阴性和阳性之分，阴和阳字母写法相同但是音调不同。这也是蒙语的局限性，所以不经常写的字很容易写错，导致留下细微书写习惯。

5. 蒙语文在书写当中有的人故意丢字母或者快写当中无意丢字母，这也是作案人忽略的环节。

6. 蒙语文字的另一个特征就是它的前后常出现勾、点、圈等细微的特征：（1）它们的存在和位置决定这个字的含义；（2）点和勾收笔特别重要、很多书写人无意中忽略的地方；（3）看字上的圈和半圈的形状和我们检验阿拉伯数字一样包含很多特征，也是书写人很容易写错的地方。如图 >>1 所示。

Vowels	Consonants	Numerals

>>1 字母表

三、整体分析

（一）检材形成时作案人的主观条件

注重分析作案人首先是知情者或中间人还是直接主办单位的有关人的主观方面的体现。

（二）检材形成时的客观条件

此类案件一般发生在农牧区，有的农牧民文化水平太低，还有的基本没上过学，对自己的名字始终是写错字，蒙文书写随意性强，难以鉴别。

（三）检材形成时的地区的蒙文书写形式区别

由于地区蒙文书写形式还有部分差别，外加作案人的文化素质有限，很多蒙文签名字迹容易混淆错写。

（四）检材和样本的比对，尽量使用原件和检验仪器

尽量拒绝复印件，同时要借助放大镜或显微镜观察，同时借助了物证检验仪来提高准确性，评断出符合点和差异点的质与量，总之，每个案件都给我们一个深刻的教训，也让我们体验到进行笔迹检验的过程中应该注意的一些问题，只有耐心细致地做好每一步检验工作，才能作出真正的鉴定意见，才能得到科学结论，避免错案的发生。

四、实际效果

诸如此类土地纠纷、草场纠纷的案件在牧区屡屡发生，而且多数都是群体上访，并且必须合理、准确地处理此案，否则就有可能在民族地区造成恶劣负面影响。此案是经过两级法院审判过的案件，又是分院交办的一起民事案件，绝不能出一点差错，经我们深入调查、走访入户，并进行讲法说法，此案最后以和解告终，双方均满意处理结果，进而阻止了一起群体上访的案件的发生。

推荐理由

在内蒙古自治区居住的蒙古族人近 422 万，全国有近 500 万蒙古族人口，在工作和生活学习当中使用蒙语文的人所占比例相当大，特别是在内蒙古自治区更加集中，因此，我们经常遇到用蒙语文书写的材料和相关资料需要进行检验鉴定的案件。

本案就是通过鉴定蒙语文书写材料的一起典型案例。经过两级法院审判过的案件，是分院交办的一起民事案件，经我们深入调查、走访入户，并进行讲法说法，此案最后以和解告终。

此类土地纠纷案件在本地区屡屡发生，而且多数都是群体上访，若不正确、合理地处理很可能在民族地区造成恶劣的负面影响。本案就是对蒙语文字的笔迹鉴定使案件得到了公正的裁判，最终保障了当事人的权利。▲

变造文件辨真伪　十年冤案得昭雪

文 | 宁夏自治区人民检察院　　李勇长

一、简要案情

2000 年 2 月，宁夏吴忠市农民工郭某在马某（一工程承包商）工地打工，为了保障工程质量，郭某还为马某积极寻找了一些技术农民工，其间为了支付民工生活费等，郭某于 2002 年 8 月曾向马某借款贰仟元，并书写借款借据一张，同时自己在借款备忘录上予以记载。在承包工程完工后，马某却迟迟不支付民工工资，郭某通过向他人借款先行替马某支付了民工工资。此后几年里，负债累累的郭某多次找马某讨要自己的血汗钱，均遭到推诿和拒绝，最后发现自己竟然还欠了马某贰万伍仟元（2001 年 10 月借款借据伍仟元；2002 年 8 月借款借据贰万元），面对此情况，郭某认为马某一向吝啬，自己只借了马某贰仟元，从没有借过贰万伍仟元，一定是马某做了手脚，心中深感冤屈。在历尽艰辛，多次与马某争辩无果的情况下，郭某于 2007 年 1 月 11 日，向当地一审人民法院起诉，并向外省某院校司法鉴定机构申请鉴定，该鉴定机构没有认真审查鉴定要求及检验材料，竟将检材（2001 年 10 月借款借据和 2002 年 8 月借款借据）与样本颠倒作出了鉴定结论（"两张借款借据系郭某正常书写，没有被伪造"）。此后一审经审理，不支持郭某的诉讼请求，二审法院在得知鉴定结论可能存在错误的情况下仍予采信，并驳回郭某的上诉，维持一审判决。无奈之下，郭某只得寻求检察机关抗诉，以解决多年来诉讼争端。

二、案件特点

1. 此案关键物证是两张争议的借款借据，分别涉及变造文件技术检验和笔迹检验内容。

2. 案件诉讼时间长达八年，此案关键证据经过两个鉴定机构两次司法鉴定，第 1 次鉴定时，鉴定人竟然将检材与样本颠倒作出了鉴定结论，所出具的检验结论均没有反映案件的客观事实，检验结论在程序和依据上存在明显瑕疵和错误，导致郭某在一审败诉，特别是二审法院在明知鉴定结论存在错误的情况下仍予采信，并驳回郭某的上诉，维持一审判决。2008 年 7 月郭某向当地基层检察院提出抗诉请求，经宁夏当地一个社会司法鉴定机构鉴定，结论为"2001 年 10 月借款借据字迹系郭某书写，2002 年 8 月借款借据纸张纤维未被擦刮，数字'0'压在括号上书写形成，借款借据没有被涂改"。检察机关同样依据此鉴定结论作出了终止审查抗诉决定。

3. 此案的审理和鉴定在事实认定和检验鉴定程序及检验方法上均存在错误。

三、检验过程和作用

首先，对 2002 年 8 月借款借据进行技术检验，主要采取下列步骤进行了全面科学的检验。

第一步，可见光观察，确定有无擦刮事实。

利用自然光，在放大镜下对被检验的借款借据上可疑部位"万"字的纸张的纤维结构，以及纸张的厚度和紧度、平滑度等物理特性的变化情况进行观察，可见纸张纤维层减薄，"万"字部位有透光现象，说明借据存在擦刮现象。

第二步，可见荧光检验。

借款借据（即"2002 年 8 月"书写的借款借据）字迹系用黑色墨水书写。将检材置于 SYJ-8 文检仪中，打开可见光光源，选择 480nm 激发光波长、650nm 接收光波长，调整光圈大小至适中亮度，便清晰可见在借款金额大写中"仞"字的"万"偏旁部位呈白色可见荧光，而与检材其他字迹（包括"亻"偏旁笔画）可见荧光不同（见图 >>1、图 >>2"万"笔画所示）。

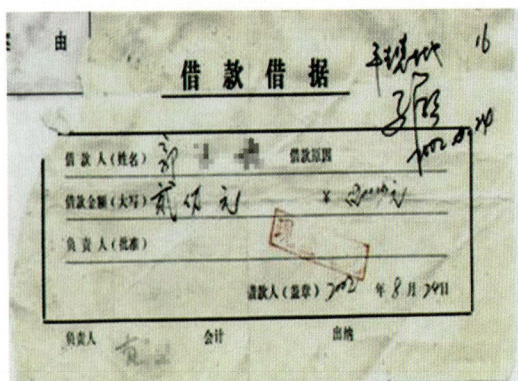

>>1

>>2

第三步，侧光、透射光检验。

在体视显微镜下用侧光观察，可见借据中的"仞"字中的"万"笔画部位纸张纤维由于被擦刮断裂而紊乱翘起，表现为"万"偏旁笔画边缘与"亻"部表面可见荧光色泽存在差异（如图 >>3 所示）。

在显微镜下用透射光观察，可见检材中"万"字部位的纸张纤维层减薄，被擦刮部位呈现白色（如图 >>4 所示）。

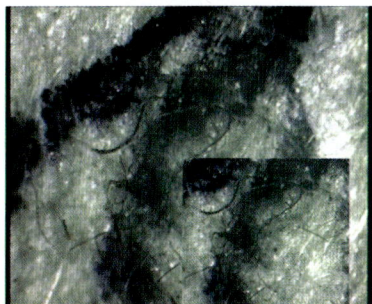
>>3

>>4

第四步，添加内容检验。

经在显微镜下观察，借据上借款金额小写"¥<20000>"中最后一个"0"与其前面三个"0"之间排列间距不同，"0"字的写法特征不同，检材中前面三个"0"与样本中"0"字为顺时针起笔，收笔较轻，而检材中最后一个"0"为逆时针起笔，收笔较重，且与右侧括号边缘相接，而样本中小写金额数字中最后一个"0"与右侧括号边缘保持较大的间距，反映出不同人的书写习惯。

通过对 2002 年 8 月借款借据运用可见荧光与显微镜侧光、透射光及阿拉伯数字"0"的写法特征进行综合检验和分析，认为检材（即 2002 年 8 月借款借据）字迹中存在涂改和添加现象，并作出了送检的借据（即 2002 年 8 月借款借据）上借款金额大写"贰仟元"中"万"字部位确系被涂改，小写"¥<20000>"中最后一个"0"是添加形成的结论。

其次，对送检的 2001 年 10 月借款借据字迹进行笔迹鉴定。将检材与郭某样本字迹比对分析，可见二者字迹在单字的写法，起、收笔及运笔动作，笔画连笔部位及形态，笔画搭配比例关系，阿拉伯数字写法等细节特征上存在明显差异，反映了不同人的书写习惯。2009 年 4 月 24 日自治区检察院技术部门出具了第三次检验鉴定结论。

2009 年 9 月，因基层检察院"终止审查抗诉决定"在前，不符合抗诉条件，检察机关放弃向人民法院提请抗诉的要求。郭某再次向自治区高级人民法院审判监督程序部门提出再审请求。正是有了自治区检察院的鉴定结论，审判人员通过与前两次鉴定结论对比分析，认为一审、二审判决存在确实严重错误，2010 年 1 月，自治区高级人民法院启动再审程序，指定银川市中级人民法院进行再审。2010 年 3 月 18 日，银川市中级人民法院作出民事裁定，正式进行再审。2010 年 8 月 25 日调解结案，郭某当场拿到了讨要近十年的 5 万余元的血汗钱（含诉讼费 5000 元），郭某历尽艰辛的诉讼终于得到公正解决，维护了农民工的合法权益，化解了社会矛盾，避免郭某因可能过激行为而导致悲剧现象的发生。

推荐理由

此案的成功鉴定，体现了鉴定人具有较强的职业责任感和社会良知，较高的专业理论水平和专业工作能力。

该案例具有重大的社会影响，取得较好的法律效果，对于维护社会稳定、维护群众合法权益和法律尊严，对于检察机关化解社会矛盾起到突出作用。▲

挑战权威护公正　重新鉴定释存疑

文 | 四川省人民检察院

一、案情简介

王某，男，四川省自贡市某集团董事长，省政协委员；刘某，女，某集团原总经理。双方因离婚官司产生争议，涉及财产上亿元。诉讼中王某不承认与刘某的婚姻关系。刘某称，其与王某于 1997 年结婚，有 1997 年婚姻登记存根及 2001 年补办婚姻关系证明为据。王某称，从未与刘某结婚，婚姻关系证明均是伪造，所谓公证材料更是无稽之谈。某国家级权威鉴定机构出具的鉴定书也支持王某的辩解。据此，王某向检察机关举报有关国家机关工作人员渎职犯罪。此案曾在中央电视台《今日说法》和《经济与法》栏目中播出，《检察日报》也作过报道，社会影响巨大，在自贡当地成为街头巷尾谈论的话题。

2011 年 1 月 7 日，四川省人民检察院反渎局为了厘清王某与刘某的婚姻关系、财产关系，委托我处对某国家级权威鉴定机构出具的鉴定书进行审查，并对存疑鉴定进行重新鉴定。原鉴定书共 10 份，涉及笔迹、印文、朱墨时序等鉴定。

二、鉴定过程

鉴于本案鉴定难度大、任务重，我处组建了文检专案组。根据渎侦部门的要求，决定对涉及婚姻和财产关系的三份鉴定进行重点审查，确认原鉴定关于《申请出具〈夫妻关系证明书〉》上"王某"署名的认定意见、《夫妻关系证明书》（一式两份）上填写人的认定意见、《公证书》中《夫妻财产约定》上"王某"署名的认定意见是否正确。初审中，发现以上三份鉴定的样本均存在问题：一是样本的多样性没有反映出来；二是样本的范围没有找准。为此，文检专案组决定对该三份鉴定进行重新鉴定。

1. 通过对 2001 年《申请出具〈夫妻关系证明书〉》的审查，认为检材中上下署名不一致，原鉴定认定不是王某书写的鉴定意见有严重错误。经补充王某的样本材料进行比对，检材"取证人签字"栏中"王某"署名字迹与王某样本在相同单字的写法及笔画的运笔、连笔及搭配特征相符合，应是王某本人书写。

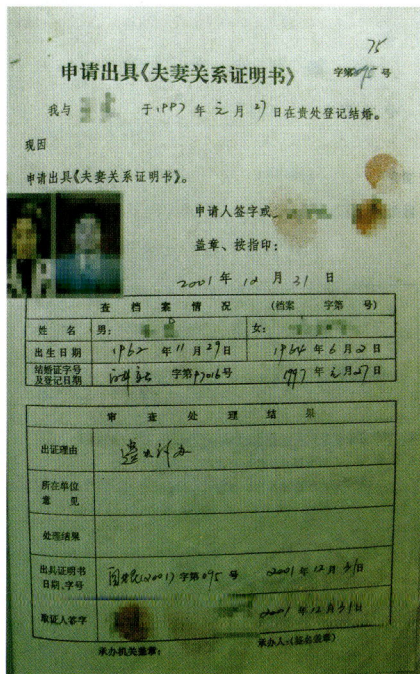

2.通过对《夫妻关系证明书》（一式两份，见检材二）的审查，认为检材中"自、刘、新"的运笔、搭配方面与刘某笔迹样本存在较大差异，原鉴定认定检材上填写字迹为刘某书写的依据不充分。文检专案组延伸审查范围，及时增补民政局工作人员陈某的笔迹样本，与该两份检材及 2001 年《申请出具〈夫妻关系证明书〉》中承办人的笔迹共三份检材进行比对，发现检材与样本书写水平一致，且在相同单字及阿拉伯数字的写法、笔画的搭配比例、运笔等笔迹特征方面存在相同反映，从而认定了《夫妻关系证明书》（一式两份）上的填写人以及 2001 年《申请出具〈夫妻关系证明书〉》中承办人是陈某。

3.通过对《公证书》中《夫妻财产约定》的审查，认为"'王某'署名不是王某书写"

的原鉴定意见存在问题，原鉴定所采用的样本太少，没有反映出书写的多样性。为查明事实，文检专案组与侦查人员一道，从办理公证的材料中又新收集了以下几份检材：（1）《国内民事公证申请表》（一张）上"申请人"栏中"王某"署名笔迹；（2）2004 年 4 月 29 日《询问笔录》（一页）上被询问人"王某"署名笔迹；（3）自贡市公证处《送达回证》（一张）上"收件人签名和盖章"栏中"王某"署名笔迹；（4）2004 年 4 月 30 日的《夫妻财产约定》（四份，其中一份为原鉴定检材）上甲方署名"王某"的第二个署名笔迹，同时进一步补充了王某的样本。将收集的检材与王某样本进行比对，发现两者不但书写水平、字体字形等一般特征一致，且在相同单字的基本写法、单字间的整体组合关系、起笔、折笔和绕笔角度等笔迹细节特征方面反映一致，认定检材上"王某"署名笔迹为王某本人书写。

三、办案效果

通过对涉案检材的重新鉴定，确定了当时婚姻登记部门的承办人是陈某，认定 2001 年《申请出具〈夫妻关系证明书〉》上"取证人签字"栏的"王某"署名，以及公证材料上的"王某"署名均是王某亲笔书写，否定了原鉴定结论。新的鉴定意见作为关键证据，为省院反渎局明确了案件侦查方向，提高了侦查工作效率，使该案在重重压力下顺利结案。

2012 年 8 月 13 日，王某与刘某达成和解，确认了二人的婚姻关系，并对夫妻共同财产依法进行了分割。

四、经验总结

（一）不畏权威，迎难而上

当面对国家级权威鉴定机构的错误鉴定意见时，本案文检人员没有被"权威"所吓倒，而是秉持还原事实真相的信心和勇气，沉着冷静，不畏艰难，全面收集检材样本，深入细致进行比对，最终作出了科学可靠的鉴定意见。

（二）及时增补检材，降低鉴定风险

在本案第三项公证材料的鉴定中，文检专案组重新收集了六份检材，与原鉴定检材进行并案鉴定，使检材笔迹特征暴露得更多，更有利于与样本进行比对，为作出科学可靠的鉴定意见打下了坚实的基础。

（三）样本充足是鉴定成功的重要保证

对原鉴定进行审查，主要看其鉴定依据是否充足，是否需补充鉴定样本，是否需要扩大侦查范围来重新鉴定。本案补充了王某的大量笔迹样本，增补了陈某的笔迹样本，达到了确实充分的样本要求，从而保证了鉴定意见的正确性。

（四）合理分工，创新办案模式

本案鉴定中，文检专案组进行了内部分工，采取流水作业的办案模式，即二人为一组，一组负责外出补充材料，另一组负责同步鉴定，实现了本部鉴定与现场取样相结合，提高了工作效率，保证了办案质量。

（五）部门协作，紧密配合

该案的成功办理，有赖于技术部门与渎侦部门的紧密协作、有效沟通。本案办理过程中，文检专案组曾五次到外地取样，渎侦部门均积极配合，在人力、物力上提供了大力支持，双方的良性互动和协作配合为顺利鉴定提供了保障。

推荐理由

　　本案在中央电视台《今日说法》、《经济与法》栏目以及《检察日报》均作过报道，国内舆论沸腾，社会影响巨大。接受委托前，某国家级权威鉴定机构已作出过鉴定，出具的鉴定书备受争议，其正确性与否事关重大，重新鉴定压力大、难度高。承办文检人员没有被"权威"和压力所吓倒，而是秉持还原事实真相的信心和勇气，沉着冷静，不畏艰难，全面收集检材样本，深入细致进行比对，最终作出了科学可靠的鉴定意见，否定了原鉴定作出的错误结论。对涉案重点证据的重新鉴定结果，确定了王某与刘某存在婚姻关系的事实，平息了当事人争议和舆论非议，为四川省人民检察院反渎局扭转案件侦查方向、提高侦查工作效率，使该案在重重压力下顺利结案发挥了关键作用，取得了良好的法律和社会效果。▲

运用"系统鉴定"方法检验之案例初探

文 | 四川省内江市人民检察院　　曹正欣

　　文件的系统鉴定是把文件物证作为与案件事实相联系的有机整体，采取各种检验手段充分挖掘其所能提供的全部信息，经过检验、综合分析研究，对文件与案件事实、与当事人的关系作出正确的鉴别和判断。随着现代科技的发展，犯罪伪证手段呈智能化、隐蔽化等特点，对文件检验提出了越来越高的要求。因此，只有对构成文件的各个要素进行综合检验、系统鉴定，才能对文件的真伪作出客观正确的评价。结合办理的一文检鉴定案例，就文件系统鉴定作一些粗浅的探讨。

一、简要案情

　　2010 年 4 月内江市市中区人民检察院侦办该区某村村支书李某涉嫌贪污案。初步查明：2009 年 5 月，李某伙同该村村主任犯罪嫌疑人雷某，在征地补偿过程中，伪造他人承包的相关手续，从内江市某土地整理中心骗得补偿款 41800 元后进行私分。其中落款时间为"二〇〇九年六月二十二日、甲方：内江市某土地整理中心、乙方：市中区某村（承包户）"《石厂补偿协议》是该案的关键证据，侦查人员送检，要求鉴定《石厂补偿协议》中"李某"署名字迹是否为李某书写。

二、检验情况

　　在充分了解案情及全面分析检材的基础上，我们对本案进行了检验。

　　（一）对"李某"署名字迹进行笔迹检验

　　将送检的《石厂补偿协议》中"李某"署名字迹与李某书写的样本字迹在放大镜、显微镜下进行比对检验，发现二者在单字的起收笔、运笔、连笔以及整体搭配比例等特征上存在本质的相同，属同一人书写习惯的反映。据此，我们作出了同一认定结论。

　　（二）运用"系统鉴定"方法全面分析

　　"李某"署名字迹是李某书写没有问题，但综观整个检材，存在诸多疑点，也有不符

之处。种种迹象表明，此案只鉴定签名的真伪是不能客观反映事实真相。因此，我们在认定签名的同时，对检验情况作出了分析意见，与侦查人员取得联系，统一意见后我们启用了"系统鉴定"方法，对该案进行了全面分析论证："内江市某土地整理中心"和"某村"印文分别系该单位公章所盖，但经朱墨时序检验发现，《石厂补偿协议》上的"内江市某土地整理中心"公章印文与正文和签名部分字迹均有交叉，交叉时序为先盖印后书写，行文顺序反常。根据上述检验分析，得出结论：《石厂补偿协议》是伪造的。

三、检验体会

对于本案的鉴定，从以上分析可以看出，如果单凭签名和印章印文检验来判断文件的真伪，极易得出片面的鉴定结论，特别是在送检单位只就文件上的签名真伪进行委托时，文检人员千万不能一叶障目、只见其一不见其二，而应采取多种方法综合检验、全面分析。

真实签章变造的文件，虽然其签名或印文是真实的，但由于文件的整体形成过程及其内容毕竟是变造的，它破坏了文件的有机统一关系，所以必然存在各种痕迹特征之间的矛盾和变造手段的蛛丝马迹。文件作为一个系统是由笔迹、言语、印迹、污损变化、物质材料等要素或其中某几个要素构成的，而文件检验作为一门为侦查提供线索和证据的专门技术，如果只对文件的某一要素或某一方面进行检验，即使获得了有效的结果，也只是揭示文件某个侧面的现象或事实，有时不足以证明文件的真伪，甚至起到相反作用。文件检验技术虽然经过几代人的努力，取得了很大的进步，但仍有许多难题尚未能解决，并非对所有的鉴定要求均能无条件地作出明确的鉴定结论。也并不是对具体文件的鉴定要求，目前的技术水平不能直接解决就等于完全不能鉴定。实际上，如果一条路走不通可以绕道走。如文件书写形成时间鉴定，目前虽不能直接鉴定绝对形成时间，但可以通过其他途径，如检验纸张的使用时间、印章的盖印时间、签名的历时变化、朱墨时序及其他可疑点等来鉴定相对形成时间，以达到同样的目的或解决部分问题。一个反常现象可能是偶然产生的，多个反常现象就绝非偶然，通过这些反常现象也可以间接判断文件的真伪。

四、文件系统鉴定的步骤和方法

（一）深入细致了解案情，加强对案件的宏观理解

鉴定人要深入细致地了解案情，是受理每一起案件的必要步骤，是收集信息、掌握线索的重要途径。书写活动是书写人的一种意志活动，不同于物体的机械运动，笔迹特征的比对，是综合分析书写人意志活动的比对，而不是单纯地、机械地比对。鉴定人在检验鉴定中要深入细致地了解案情，加强对案件的宏观理解，综合其年龄、知识、背景分析以加深对检材样本笔迹特征的理解，有助于特征价值的综合评断。了解案情但不能被案情所左右，否则容易造成鉴定人的先入为主和主观臆断。一般情况下，作出的鉴定结论应与案情相吻合，如果发现明显矛盾，则不要轻易下结论，要进一步了解案情和重新鉴定，直至弄清产生矛盾的原因，要将案情与整个文检理论相结合，相互印证，使各要素组成一个完整的系统，从量变到质变，增强鉴定结论的说服力。

（二）充分收集样本材料，切实保证样本质量

鉴定人在受理鉴定案件时，一项很重要的任务是对样本的核实，要切实保证样本的真实有效。样本材料要有足够的数量，才能更多、更好地暴露出被鉴定人的书写特征。

实践证明，只有具备充足数量，较高质量的笔迹样本材料，才能使鉴定人员客观、全面、准确地把握检材笔迹特征的稳定性、可变性、总体特殊性，以保证鉴定结论客观准确。

文件检验同其他物证检验一样，最基本的方法就是比较法，没有比较就没有鉴别，因此，理论上每一份文件物证各要素的检验都是在与相应样本相比较的过程中进行的。故样本不但要有足够的数量，还必须保证有较高的质量，才能更多、更好地暴露出被鉴定人的书写特征，鉴定人才能够从这些特征中找出一定的规律，以提高文件物证各要素所能提供信息的特征利用率，才能全面地与检材进行比对检验，得出科学准确的鉴定结论。

（三）对检材进行综合检验、系统鉴定

随着社会发展，科技进步，现代办公设备的使用，作案人作案手段日趋智能化、多样化。一份可疑的文件往往采取多种方式进行伪造或变造，文件各要素之间不是孤立存在的，而是相互联系、相互制约，一份文件形成以后，各要素就构成了完整的有机统一体，并互为存在条件。文件一旦被伪造或变造，这种有机统一关系就会被破坏。如果只从某一方面检验，就可能导致作出片面、不客观的鉴定结论，甚至作出错误的鉴定结论。因此，鉴定人员千万不能顾此失彼，或只图省事草率结案。特别是在送检人对可疑点或关键问题未能提出鉴定要求时，鉴定人员有责任对送检材料进行综合检验、全面分析，对发现的所有可疑问题及其检验结果作出必要的陈述和说明。

系统分析和检验可以摆脱具体问题的困扰，避开技术难题，转向其他相关要素进行研究，达到殊途同归、迂回取胜的效果。要

确定文件的形成是否符合正常程序，同时要注意观察文件上有无可疑的压痕、折痕、装订痕、人为老化及其他可疑迹象，以作为断定文件真伪的辅助性依据，要进行多方位、多角度、多层次的系统分析，并结合案件的客观情况，对检验过程中遇到的问题作出客观、科学的分析和判断，为科学的鉴定结论奠定基础。▲

一起运用系统鉴定理论对变造文件的检验

本案是成功运用系统鉴定理论检验的典型一例。本案中，技术人员成功运用系统鉴定理论，全方位、多角度地综合考虑，从整体上鉴定分析文件物证的真伪，不仅否定了涉及人员霍某某的嫌疑，而且通过检验分析，揭露了嫌疑人违法犯罪的手段，否定了检材物证整体记载内容的真实性，为案件侦办工作提供了侦查方向。

文 | 天津市人民检察院　　许陆　刘卫兵　于振刚
　　天津市北辰区人民检察院　　张欣荣

一、简要案情

2005 年 7 月至 11 月期间，犯罪嫌疑人周某、于某某共同预谋，利用周某担任天津市某化工一厂出纳员，于某某担任会计的职务之便，二人使用虚开运输发票等不法手段，套取天津市某化工一厂转账支票多张，共贪污单位现金数额高达数十万元。在案件具体侦办过程中，办案人员发现发票号为00203522、00127538 的两张涉案发票上存有其单位领导"霍某某"审批确认的签名字迹，为确定霍某某是否具有共犯嫌疑，送检单位要求技术人员对检材上"霍某某"签名字迹真伪进行鉴定。

二、检验过程

接受委托后，技术人员通过对送检的两张可疑发票中"霍某某"签名字迹与霍某某样本进行比对检验：发现检材上"霍某某"签名字迹书写自然、流利、无伪装。检材与样本两者的书写水平、书写风格相近，字迹

搭配比例、运笔等特征均相符合，充分反映了同一人的书写习惯，可作同一认定结论。

至此，应该说我们已经完成送检单位的鉴定要求，但是在工作中发现的诸多疑点引起了技术人员的注意，通过仔细观察发现：

1. 检材中发票号为 00203522 的统一发票右上角书写字迹中阿拉伯数字"4"的竖折笔及"共、肆"字迹颜色浓淡与其他书写字迹存在细微差异。

2. 一般来讲，入账票据不应出现涂改痕迹，而发票号为 00203522 的统一发票右上角书写字迹中"肆"、"万"二字之间的字迹被涂抹掩盖，通过直接观察无法辨读；并且"共、肆"二字的大小、字间距与其他字迹存在差异（如图 >>1 所示）。

3. 检材中发票号为 00127538 的统一发票右下方"支 0859#、二份、路某 21/10、共计 26630"字迹颜色浓淡与其他书写字迹存在细微差异（如图 >>2 所示）。

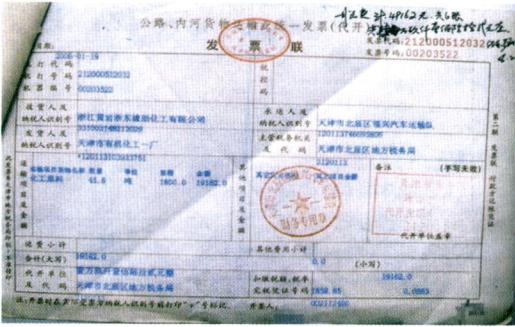

>>1 票号 00203522 检材全貌照片

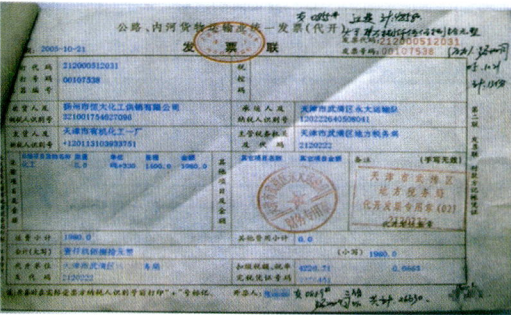

>>2 票号 00127538 检材全貌照片

据此，我们技术人员没有简单依照委托单位的送检要求开展工作，而充分考虑到检材存在变造的可能性，对检材作了进一步的检验：

1. 将发票号码为 00203522 的统一发票放置文检仪内在 Ex：720-665 Ba：850nm 条件下观察，发现统一发票右上角可见"一月运费计 19162 元、共 6 张、壹万玖仟壹佰陆拾贰元整、经手、路某、06.2.13"书写字迹出现荧光现象，而直接观察下的"共、肆"字迹、阿拉伯数字"4"的竖折笔及涂抹墨迹均未显现荧光现象（如图 >>3 所示）。

2. 将发票号码为 00127538 的统一发票放置文检仪内在 Ex：720-665 Ba：850nm 条件下只可见："支 0855#、运费计：48580、大写：肆万捌仟伍佰捌拾元整、经手人：路某、05.10.21、计 13 份、霍某某"书写字迹，而检材上其他书写字迹无法显现（如图 >>4、图

>>5 所示）。

因此我们作出结论：发票上"霍某某"签名虽确是霍某某其本人所写，但是送检票据存在以下篡改变造情况：

1. 号码为 00203522 的统一发票右上角阿拉伯数字"4"是由"1"改写形成，"共、肆"字是将"壹"字涂抹掩盖后添加形成。

2. 号码为 00127538 的发票右下角"支 0859#、二份、路某、21/10 共计：26630"书写字迹与其他书写字迹墨迹成分存在不同，分析是与其他字迹非同一次书写形成。

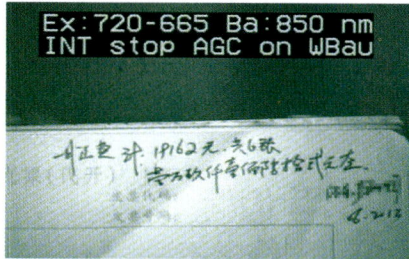

>>3 票号 00203522 检材荧光显现照片

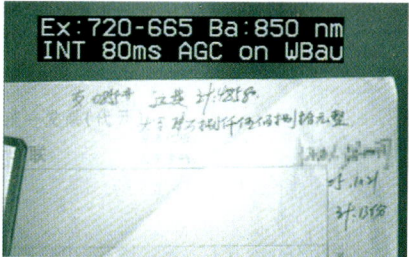

>>4 票号 00127538 检材局部荧光显现照片

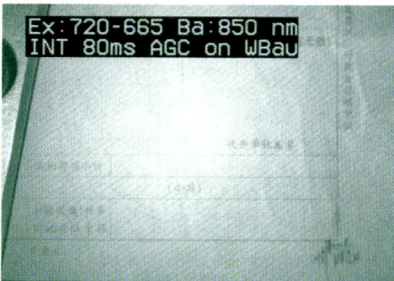

>>5 票号 00127538 检材局部检材荧光显现照片

为了理清案件真实情况，技术人员又要求办案人提供了检材上出现的路某字迹样本，后通过比对检测，发现检材上"路某"的签

名字迹确实为路某本人书写。

三、发挥的作用

我们把发票存在篡改及对霍某某、路某的笔迹鉴定意见及时反馈给案件侦办人员，为案件的具体侦办提供了方向。后经过工作，犯罪嫌疑人周某、于某某交代了与遗漏的嫌疑人路某共同串通，利用路某长期报销单位日常货物运输费用之机，通过先用真实发生的发票（检材）找部门领导霍某某审批后，再篡改添加检材上所书写记载款项的数量、金额等内容，串通路某以报销时多添加购买来的假发票来冲抵账目，从而套现巨额资金的犯罪事实。至此，此案通过文检鉴定不仅仅排除了霍某某的嫌疑，查清了嫌疑人的作案手段，而且使得漏网之鱼路某得到追究。

四、几点体会

近年来，随着检察机关侦办案件过程的复杂性不断增加，对各类文件物证的文检鉴定数量也随之增多，其中以文件物证上字迹、印章真伪的常规检验鉴定占很大比例。而实际工作中我们发现，一些技术人员只重视常规检验方法，检验重点也仅按照委托单位的具体要求进行，却不注重案件具体情况的分析研判，忽略文件物证检验的系统性、整体性特点，检验过程中往往抓不住问题核心，进而达不到检验目的之所在。

（一）在实际工作中要找准问题关键切入点

如一些案件中的书写笔迹确是真实，但笔迹真实并不等同于文件物证所记载的整体内容真实，这就要求技术人员要充分发挥主动性，认真分析对待，深挖检验鉴定的问题关键点。如本案中的检材尽管是真实发票，检材上"霍某某"等签名也确是其本人所写，

但检材表象真实下却隐藏着涂改添加的不法手段，其所记载的具体内容也就不具有真实性，如果只单单从签名字迹真伪等常规检验方法来考虑，就不会发现问题所在。

（二）发挥主观能动性，树立全面、系统检验的工作意识

一些案件中，送检单位往往根据案件情况只要求对文件物证某一方面作出检验鉴定，而作为技术人员在实际工作中要不仅限于送检单位的鉴定要求，还必须全面、客观地分析案情，充分运用系统鉴定理论，综合运用多种检验鉴定手段，对检材进行全面系统检验。本案中，如果我们不去细致分析、综合考虑检材的实际情况，忽略对检材其他方面的检验，就不可能发现检材上金额是涂改变造形成这个事实，这势必会导致本案的认定结果与案件事实存有很大出入，损害当事人的合法权益。

（三）提高自身修养，增强综合业务能力

在鉴定工作不断复杂化的今天，我们不仅要不断提高文件检验的技术水平，更重要的是尽可能地扩展我们的知识面，努力提高综合业务能力。只有这样，我们才能准确地把握事实，切实科学地维护司法工作的严肃和公正。

推荐理由

1.系统鉴定理论是文检工作中最重要的基本理论，也是技术人员工作中的重要守则。任何一份文件物证即是与案件事实相互联系的有机整体，同时其也是由多个要素构成的产物，这些要素相互作用、相互依赖并按照一定的时间、空间顺序共同构成文件物证的整体，有时分析某一要素难以得到明确的结

论，但积极运用系统论，从另一角度着手就可能取得突破，本案就是成功运用系统鉴定理论检验的典型一例。本案中，如果仅单纯鉴定文件上字迹的真伪，而不全方位、多角度地综合考虑，从整体上鉴定分析文件物证的真伪，不仅解决不了实际问题，甚至还会形成反证。本案中，技术人员成功运用系统鉴定理论，不仅否定了涉及人员霍某某的嫌疑，而且通过检验分析，揭露了嫌疑人违法犯罪的手段，否定了检材物证整体记载内容的真实性，不仅为案件侦办工作提供了侦查方向，而且通过追加路某笔迹鉴定，确定了其共犯嫌疑。

2.客观科学的态度，认真细致的工作作风是文件检验工作的基础，也是对检察技术人员工作中的基本要求，在本案的检验过程中，这一点得到了充分体现。本案中，检察技术人员充分发挥工作主动性，不是仅仅局限于办案人员的送检要求，完成霍某某的签名字迹检验工作，而是从案情上综合分析，以严谨的工作态度，通过认真检验甄别，发现了嫌疑人涂改变造的作案手段，同时深挖细节内容，揪出了同案嫌疑人。▲

疑犯在文证审查中现形之案例

技术性证据审查是检察机关履行法律监督职能的一项工作。此案中作为检察机关的司法鉴定人员，凭借扎实过硬的专业功底、洞察秋毫的敏锐眼光、认真负责的工作态度，识别出伪装笔迹样本，纠正了两次鉴定的失误，惩治了犯罪，维护了社会的正义。

文 | 福建省泉州市人民检察院　　李建章　磨科鹏

　　一个犯罪嫌疑人先是被公安机关以涉嫌诈骗罪立案侦查，而后又被公安机关以涉嫌掩饰、隐瞒犯罪所得罪移送检察机关审查起诉，最后被检察机关认定为实施了诈骗行为并依法作出处理决定。诈骗→掩饰、隐瞒犯罪所得→诈骗，是什么原因在改变着定性呢？

一、夜幕下出现的疑犯

　　2011年9月18日晚上八时左右，一个80后的年轻人骑着一辆摩托车匆匆来到安溪县城厢曾坑治安岗，由于此人形色可疑被执勤的公安人员拦下进行盘查。公安人员发现在该年轻人随身带的包里有三张别人的银行卡和三张写有与"六合彩"相关的纸页等嫌疑物品，便将该年轻人带到城厢派出所进一步进行盘问。

　　该年轻人叫苏某，男性，1985年1月4日出生，小学文化程度，安溪县长坑乡衡阳村人。2008年因贩卖毒品罪被判处有期徒刑4年，其间减刑9个月，于2011年2月23日刑满释放。

二、两个子虚乌有的谎言

　　在城厢派出所里，苏某说当天下午5点多，他从晋江骑摩托车要到安溪，路过南安仑苍大转盘的时候，看到地上有个钱包，于是停车下来捡起，并放进他随身带的包里，然后继续赶路。按照苏某的说法，被截获的嫌疑物品是路上捡来的。像这种连幼孩都编得出来的谎言，如何骗得过历案丰富的公安人员，几回交锋，犯罪嫌疑人就招架不住，便又编织出一个新的谎言。在第二天的讯问中，苏某开始讲他新编的故事：2011年9月11日他在南安溪美认识了安溪魁斗的"南木"，在谈话中"南木"说要雇请人替他领取诈骗得来的钱，可以从领取的钱中抽取12%作为报酬，并说如果他愿意做，吃、住、路费都可以报销，由于害怕，当时没有答应。第二天他又碰巧在南安溪美大桥处遇上"南木"，"南木"又问他要不要帮忙取款，于是他心动了并提供了自己的手机号码，之后苏某就回到了莆田市新车站的租房处。9月16日晚上，"南木"打电话告诉他领款的银行卡已通过客车司机带给他，并说银行卡的密码就在银行卡的背面，他在客车司机那里拿到的是三张银行卡和三张写有数字、姓氏的纸张等物品。9月17日晚上他乘车来到泉州，在泉州客运中心站旁边的工商银行的柜台和邮政储蓄的ATM用"南木"提供的银行卡共领出1500元。9月18日上午，"南木"又打电话约他下午4时30分在晋江双沟的红绿灯处相见，见面后他把领取的1500元给了"南木"，"南木"分给他400元作为报酬。之后他就到泉州的亲戚陈某金处取来自己的摩托车回安溪，在安溪城厢曾坑治安岗就被查获了。在后来多次的讯问中，苏某一直坚持自认为天衣无缝的供词。

由于有了苏某的违法行为供述，2011年9月19日公安机关对苏某执行刑事拘留。

三、两次未果的劳动教养

为了增加谎言的可信度，苏某把"故事"的时间始定为9月11日，又把其中五天的行程和所作所为交代得脉络清楚，对于嫌疑物品的出处也是井井有条，雇人取款又是当下出现的一种犯罪嫌疑人自我保护的普遍做法。为了证明苏某的交代是否属实，公安办案人员从多方面深入进行侦查。首先是查找"南木"这个关键性人物，一旦这个人被找到，案件也就突破了。但是，由于"南木"这个人是苏某自己虚构的，也就不可能有具体的身份资料，查找工作必然是以无果告终。另外是对查获的三张他人的银行卡的账户进行查询，由于不能确定其交易是来自自助银行、ATM或者是柜台，无法调取相关的凭证来证实该账户的违法属性。还有是拨打被扣押的三张纸页中的手机或者电话号码进行查询，但有的号码无法拨通，有的已停机，有的说没有被骗，外围证据无法获取。2011年9月23日，办案人员又委托某鉴定机构对三张嫌疑纸页的笔迹进行鉴定，并于当天得到鉴定结论。鉴定人员以"单字的写法、笔迹的起收笔位置、笔画的运行走势、字的结构形态等特征均呈不同书写习惯反映"为依据，作出否定同一的鉴定结论。10月7日，办案人员把鉴定结论告知了苏某。

侦查工作未能取得突破，鉴定结论又似乎支持了苏某的口供。在此情况下，安溪县公安局依据苏某的口供并以诈骗为案由于2011年10月10日向泉州市劳动教养管理委员会呈报了拟对苏某劳动教养1年6个月的劳动教养呈批报告。10月13日，泉州市劳动教养管理委员会作出"退回继续查证"的意见并出具补充调查通知书，要求对苏某所取款项的来源、性质及其他可以证明苏某实施诈骗的证据继续进行侦查取证。

2011年10月18日，苏某由刑事拘留转为取保候审。2011年12月22日，公安人员通过扣留的手机找到苏某的弟弟苏某财的QQ号，通过该QQ号找到苏某财并通知其到公安局接受询问，询问的结果印证了苏某受雇取款的说法。有了苏某财的证言，公安机关又多了一个认定苏某违法的证据。2012年1月6日，安溪县公安局补充了该证据，再次向泉州市劳动教养管理委员会呈报拟对苏某劳动教养1年6个月的劳动教养呈批报告，但得到的是无法批准劳动教养的答复。

2012年10月18日，对苏某的强制措施改为监视居住，2013年3月22日，安溪县公安局决定拟对苏某移送起诉。

四、两次对垒的文证审查

2013 年 3 月 25 日，安溪县公安局以苏某涉嫌掩饰、隐瞒犯罪所得罪向安溪县人民检察院移送审查起诉。3 月 27 日，安溪县人民检察院委托我院对上述的笔迹鉴定进行审查。在审查中，我们发现其笔迹样本的书写熟练程度及某些阿拉伯数字的写法不相一致，明显有较大的伪装。在进一步比对中，我们发现检材与样本的一些笔迹特征有较好的符合，而且质量是较高的，至于检材中的一些错字在样本中没有充分的反映，是由于公安人员在提取笔迹样本时采用先打印好文字后再由苏某跟着写的方法，一边看一边写，错字自然就被矫正了。在比对中我们还发现检材中的"绿"字的右上部的写法较为特殊，把横折横横写成横折横折，而在样本中，"绿"字的写法是规范的（被矫正了）。联想到每份笔录的最后一般都会让犯罪嫌疑人或证人写上对笔录认可与否的一段文字，其中常有一个"录"字出现，于是查找了讯问笔录中苏某所写的"录"字进行比对，果不其然跟检材中的写法对上了，这就更加印证了我们的分析和判断，于是我们作出了原鉴定结论有误的审查意见。

第二次对垒是发生在原鉴定机构仍然坚持原鉴定结论之后。

收到文证审查意见书后，安溪县人民检察院于 2013 年 4 月 12 日决定对苏某监视居住，并把案件材料退回安溪县公安局要求重新进行笔迹鉴定。2013 年 4 月 17 日，安溪县公安局又令苏某书写了四页实验笔迹样本后并附上我们的审查意见书再次委托原鉴定机构重新进行鉴定，同时还另行委托对一张取款日期为 2011 年 3 月 24 日的取款凭条中的取款人"孙某泉"署名（"孙某泉"为查获的三张银行卡的所有人）是否苏某所写进行鉴定。

经过重新检验，原鉴定机构的鉴定人员依然认为检材笔迹的书写较为流利而样本笔迹的书写较为生涩，检材中的错字在样本中始终没有反映，部分字的笔画间的搭配比例、运转形态等细节特征存在明显差异，而且认为这些差异是本质差异。其鉴定结论与第一次的鉴定结论一字不差。

对于取款凭证中的取款人署名则作出了同一认定。

比 对 表

>>>1　汉字对比表

比 对 表

>>>2　阿拉伯数字比对表

2013 年 5 月 22 日，安溪县人民检察院又委托我院对新的笔迹鉴定进行审查。第一次审查，我们只给出简要的审查意见，第二次审查就必须有比较详尽的审查意见，才能令人置信。我们认为可以作出同一认定的理由主要有三个方面。第一方面，也是最主要的方面，列举了大部分的汉字和阿拉伯数字的笔迹特征的符合和多组阿拉伯数字的组合特征的符合。第二方面，是指出两次鉴定所依据的笔迹样本存在一定程度的伪装。第三方面，是指出所谓的"细节特征存在明显的差异"是因为书写速度的不同所形成的。我们还制作了文字比对表，借助直观的表格形式来支持我们的观点。

五、一个难逃其罪的罪犯

两次笔迹鉴定与两次对垒的文证审查，其焦点是涉嫌掩饰、隐瞒犯罪所得罪还是涉嫌诈骗罪。为了准确定性，安溪县公安局通过政策攻心获取了三页苏某正常书写的实验笔迹，于 2013 年 7 月 10 日另行委托其上级机关的鉴定机构重新进行鉴定。该鉴定机构于 7 月 15 日作出同一认定的鉴定意见。8 月 15 日安溪县人民检察院以诈骗罪作出了处理决定。

推荐理由

　　纠正原鉴定意见（结论）的遗漏在技术性证据审查（文证审查）中屡见不鲜；纠正原鉴定意见的定性，也时有发生，但是两次鉴定两次审查却各执一词，就几乎不见。技术性证据审查是检察机关履行法律监督职能的一项工作，作为检察机关的文检人员，如果没有扎实过硬的专业功底，没有洞察秋毫的敏锐眼光，没有认真负责的工作态度，就很难胜任这一工作。两次鉴定的失误，除了不能识别伪装笔迹样本之外，另有其因。两次鉴定的失误，也险些令犯罪嫌疑人逃脱其罪。▲

统筹运用多种类检察技术手段助推侦查工作

文 | 河南省郑州市管城区人民检察院

　　近日，引起社会各界广泛关注的郑州市中州大道跨京广铁路大桥被超载货车轧断一案，8 名涉案的交通、公安部门公务人员分别因犯滥用职权罪和玩忽职守罪，被法院依法判处刑罚。在这起案件中，郑州市管城区院多种检察技术的综合运用，对案件的侦查起到了重要的作用。

　　2011 年 4 月 9 日 22 时，豫 HC5363 号货车（自重 17 吨，核载 12 吨，实载 47 吨，超限 35 吨）行至郑州市中州大道京广铁路桥上（桥负重为 55 吨）与豫 K55092 号（自重 27 吨，核载 16 吨，实载 119 吨，超限 91 吨）货车会车时，因两车严重超限压断大桥承重梁，京广铁路限速行驶 17 个小时，致使国家大动脉京广铁路受到严重影响，造成国家财产重大损失，郑州市的交通主干线中州大道至今还是一个断头路，严重影响了郑州市的交通安全和畅通。为何超载车辆能顺利驶入铁路桥？相关部门如何监管超限站？事故背后是否存在严重的失职？事故发生后，郑州市管城区检察院经过认真的调查取证，认为事故背后隐藏有超限站工作人员涉嫌渎职犯罪的问题，于是成立了专案组进行专案调查。应案件侦办的要求，管城区检察院技术部门成立了技术支持小组，在市院技术处的指导下，专门为专案组提供技术支持和保障。在整个案件的侦查过程中，技术人员充分利用现场勘查取证、影像清晰还原、技术性证据审查等技术，及时科学地收集、固定证据，运用现代信息和科学技术服务侦查、分析犯罪规律，为自侦部门的侦查活动提供了高效、准确的技术力量。

一、迅速控制现场，立足勘验检查，保护好现场电子系统、设备

技术人员现场勘验时，发现事故车豫K55092号装有GPS设备，第一时间向侦查部门提出固定证据、提取数据的意见。紧接着，技术人员和侦查人员利用GPS车载卫星定位系统调查取证了豫K55092号货车的行车路线，系统显示确认该车于2011年4月9日的行车路线。通过对获得的电子数据分析，分析出了该货车于2011年4月9日下午4时许，途经许昌市襄县与许昌县交界处的金庙超限站时，超限站值班人员未按照规定进行拦截、称重检测及卸载，任由直接通行的事实。侦查人员根据技术部门所提供的证据，依法查实了以下犯罪事实：金庙超限站是许昌市公路管理局的二级机构，依法查处超限运输车辆。2011年4月9日下午4时许，李某、王某作为金庙超限站值班引导人员，工作严重不负责任，未严格按照规定引导经过该超限

站的豫K55092号超限货车进行称重检测，致该货车在未进行称重检测并足额卸载超限货物情况下直接通过金庙超限站。王某林作为当班班长，未到现场对值班人员查处超限运输车辆工作进行检查、管理，未能发现并制止值班人员李某、王某等人工作不认真的行为。通过对犯罪事实的侦查，也验证了前期技术人员所调查信息的真实性和准确性，为侦办案件提供了详尽的视听证据材料。

二、依托电子数据的分析鉴定，重现案件事实

由于涉案单位和涉案人员多，在此案的侦办中，电子数据的收集显得尤为重要。技术人员对郑州市周围超限站的监控系统视频影像进行采集、查看、提取，并对海量的信息按照分组进行了有效的过滤，取得了第一手资料。但是，由于监控镜头以及目标的移动等客观原因，技术部门在武陟超限站所提取的视频监控影像并不清晰，导致自侦部门

在查看有嫌疑的进出超限站的汽车号牌模糊不清，直接影响到案件的进一步侦破。如何将模糊的视听图像转化成清晰的效果？技术人员接到任务后，依托相关部门运用专业的、符合法庭学影像分析要求的数字技术对可疑图像进行了增强除噪，恢复了清晰可辨的效果，显示出 2011 年 4 月 9 日 15 时许，豫HC5363 号货车经过武陟超限站时，值班工作人员未对该货车进行称重检测并足额卸载，仅对车主高某罚款 150 元后即放行。经侦查人员取证调查，也证实了以下的犯罪事实：武陟超限站站长孙某、副站长吉某、中队长马某峰、副中队长马某明违反《中华人民共和国公路法》等法律、法规关于查处超限运输车辆的相关规定，长期以来准许超限站工作人员在查处超限运输车辆时，采取只根据车型大小处以 100~300 元不等的罚款，而不再进行称重检测，也不再对超限部分货物进行卸载的违规处理方式，致使该超限站形同虚设。在以后的庭审阶段，图像处理的结果通过了法庭的听证示证，在整个案件的刑事诉讼过程中发挥了关键的作用。

三、结合司法会计审查检验，确认案件的经济损失

这起案件在立案初期，侦查部门根据河南省公路工程试验检测中心出具的《桥梁损失的评估材料》，初步确定损失数额为145.56 万元。随着调查的深入进行，为了准确无误地核定出最终的直接经济损失金额，司法会计人员在对《桥梁损失的评估材料》审查时发现，评估材料仅仅对大桥各项工程建设费用进行了详列汇总，而没有涉及其他项目，这是不全面的，也是不客观的。对于这样的一个严重事故，财产的损失不应该只包括压塌的大桥，还应该有损失的车辆，还

应该有抢险善后的支出等。为了对事实负责，我们到有关部门调查每一笔相关费用的支出情况，对大桥各项工程建设费用、铁路桥抢险经费、车辆损失费、车辆载物损失等进行了逐一核对汇总，最后确定此次事故造成直接经济损失为 333 万余元并得到了法庭的采纳，为案件最后的量刑提供了有效证据。

在这起案件中，技术部门围绕业务部门办案需要，注重新科技手段在实际检察业务中的应用，极大地提高了检察机关侦破案件的能力，有效解决检察业务不断发展的新需要，凸显检察技术在检察业务中的保障能力：（1）迅速成功抓捕，固定犯罪事实；（2）提高侦查效率。本案通过技术分析，发现、确定了多份先前并未掌握的案件情况，拓宽了侦查视野，扩大了查案战果；（3）避免"人海战术、疲劳战术"，节约人财物投入，通过分析追踪，使原本无法预期的个案追讨时间缩短为一周的时间。近年来，郑州市管城区检察院不仅集中资金购置先进的科技装备，利用现代科技提升侦查水平，而且，在侦查理念的先进性、侦查手段的现代化和侦查模式的科学化等方面也发生了根本上的转变，尤其是依法运用科技手段发现犯罪、揭露犯罪、证实犯罪的整体水平得到了迅速的提高，在本案及一系列案件的成功办理中不断积累工作经验逐步形成了快速高效的工作模式，即通过信息调取、技术分析、确定方向、搜索定位等工作流程的一步步展开，最终使犯罪嫌疑人落入法网。随着侦查技术手段的不断完善，检察技术必将发挥出传统办案方式无法替代的显著作用，为提升侦查战斗力提供了广阔的空间。▲

运用电子数据技术成功侦破特大贪污案

文 | 黑龙江省鸡西市人民检察院

一、简要案情

2007 年年初至 2010 年 11 月期间，犯罪嫌疑人章某，利用其担任黑龙江省鸡西市石油分公司信息中心副主任、主任的职务之便，伙同十一个加油站站长，在加油机电脑系统工程升级改造过程中，利用加油机原有的 1.0 和 2.0 电脑系统，通过清零或修改加油机的泵码，以及修改加油站系统数据库中员工卡的加油记录，并根据其更改后的数据制作前一天的日报表的方式，非法套取加油款 473 万余元。

二、案件特点

该案是一起以修改计算机程序和加油机电脑系统数据为作案手段的高智商、高科技犯罪案件，犯罪涉及的电脑数据被全部删除，致使关键证据严重缺失。犯罪嫌疑人章某到案后拒不交代任何问题，面对此种情况，反贪部门请求技术部门提供技术支持，技术部门精选技术人员进驻石油公司专案组，全力

配合帮助案件的数据恢复和提取工作。通过技术人员的努力，最终还原出犯罪嫌疑人章某删除的电子数据，揭示了章某利用计算机技术实施贪污的犯罪事实，该院技术人员恢复的电子数据通过司法鉴定所的认证，具有法律效力，在案件的侦破以及审判过程中起到了关键性的作用。

三、技术手段发挥的作用及效果

该院技术人员对石油公司的计算机信息系统进行了勘查，并进行细致的技术分析和研究，发现该公司使用的 2.0 版本加油系统在操作过程中存在漏洞。技术人员经过深入细致的研究，进入了由主犯章某研制的异常消费卡查询系统，并运用 SQL 语句，对系统内交接班记录表中员工卡余额进行提取，同时对交易记录进行筛选，选择该班次对应的每条枪最小泵码与最大泵码、员工卡最大余额和最小余额进行对应比较，技术人员使用 PL/SQL 数据库访问工具登录加油站站级数据库，

运行核查语句，取得运行结果，逐个核对存在手工修改员工卡余额的班次日期业务情况，对异常修改进行确认，并核对金额。在验证时，将加油机交易记录排序，发现连续记录的泵码数值突然变小，与实际泵码的差值为 100 的整数倍。最终确认人工进行账面金额处理的总额，还原出人为更改计算机账面金额的处理方法，以确认是否存在人为修改员工卡余额的情况。通过此方法查实了该公司下属红星加油站亏空 200 多万元的数据及如何形成的原始数据情况，确定了章某的作案手段，理清了章某研发加油机操作系统进行作案的犯罪事实。

技术人员又将涉案的所有电脑扣押，带回办案工作区，对在 2007 年至 2009 年三年间记录的所有犯罪数据，逐个电脑、逐个数据地进行恢复。经过 20 多天连续工作，终于将章某作案删除的 8 台电脑的原始数据全部恢复成功，而且将每张作案使用的 IC 卡改动了哪些、套取了多少钱全部还原，最终查清了章某利用其有权限进入数据库对司机加油卡进行数据改动的便利条件，研究出一套在加油站用员工卡加油，收取现金，再进入数据库将员工卡加油记录改成司机加油卡加油记录，即可将加出的油款据为己有的作案手段。

自恃有才的章某在审讯的过程中经常抛出计算机的专业术语来迷惑和藐视侦查人员，当该院技术人员将其犯罪的过程和事实讲清之后，章某由最初的抵触、藐视转化为对该院技术部门检察官的敬畏，并被技术人员高超的计算机水平所折服，不仅如实交代了犯罪事实，还主动现场演示利用计算机技术犯罪全部过程，技术人员使用同步录音录像技术手段将讯问过程及章某演示犯罪操作的全过程固定下来。为了确保数据的真实和准确，

该院将恢复的数据送至黑龙江某网络科技司法鉴定所进行数据鉴定，鉴定的结论是："恢复的数据确为涉案的原始数据、真实有效。"该院技术部门恢复的电子数据对此案的侦破和审判起到了决定性的作用，为办案提供了有力的技术支撑。

四、总结经验推广

近年来，腐败案件中多涉及计算机等专业性较强的犯罪案件，所以，对如何侦破涉及利用计算机犯罪的电子数据案件应尽快进行总结和推广，为检察机关侦破此类案件提供强有力的技术支持。该案件是一起典型的利用计算机技术贪污犯罪的腐败案件，在案件侦破过程中，技术部门恢复的电子数据对案件的侦破和审判起到了决定性作用。

（一）案件专业性高

此案的犯罪嫌疑人一直从事计算机工作，负责该单位业务系统软件的升级改造、维修维护，计算机专业水平很高，并且在作案后，及时删除犯罪的电子数据，为案件侦破制造阻碍。所以，只有具备电子数据恢复相关知识的专业人员才能挖掘出犯罪嫌疑人的作案证据，检察机关应将此案的经验进行总结和推广，在办理此类案件时，只有技术部门与自侦部门密切配合，才能顺利侦破此类案件。

（二）案件代表性强

此案是典型的利用计算机技术犯罪的贪污案件，技术部门及时介入案件，与自侦部门积极配合，体现出技术部门辅助办案的技术支撑作用，对检察机关办理此类案件具有重要的指导作用。进一步总结和推广此类案件的经验尤为必要，检察机关应以此案为案例，警醒涉及计算机相关领域的单位采取有效措施，预防和惩治利用计算机技术犯罪的腐败案件。

推荐理由

近年来，腐败案件中多涉及计算机等专业性较强的犯罪案件，所以，对如何侦破涉及利用计算机犯罪的电子数据案件应尽快进行总结和推广，为检察机关侦破此类案件提供强有力的技术支持。该案件在侦破过程中，技术部门恢复的电子数据起到了关键性作用，首先是发现涉案计算机的业务系统存在漏洞，在掌握系统漏洞具体情况后确定犯罪嫌疑人；其次是对涉案计算机业务系统软件删除的数据进行成功恢复；最后是与犯罪嫌疑人展开面对面的讯问，使犯罪嫌疑人在确凿的证据面前对犯罪事实供认不讳，主动现场演示利用计算机技术犯罪的全部过程，此案真正体现出技术部门为案件的侦破和审判提供技术支持的作用。▲

检察技术与信息化
2014 年第 3 辑 总第 005 辑

使用 EnCase 深度挖掘被删除的涉案图片

电子数据检验中，关键字搜索对部分类型的数据无效，这些失效类型又尤以图片最为典型。本案中通过深度挖掘删除的图片，最终成功完成了案件检验。

文 | 湖北省武汉市人民检察院　　王烁　陈默

一、案情简介

在某渎职案件办理过程中，自侦部门扣押嫌疑人使用的 PC 机一台，嫌疑人供述曾使用该 PC 机通过修改真实的"个人所得税完税证明"文件中"纳税人姓名"和"纳税人身份证照号码"的方法，伪造"个人所得税完税证明"文件。伪造的"个人所得税完税证明"文件通常与原始文件的编号（"汉地个证"）重复。嫌疑人没有进一步供述伪造"个人所得税完税证明"的详细方法。受自侦部门委托，本院司法鉴定中心对扣押嫌疑人使用的 PC 机进行检验，查找并固定嫌疑人伪造"个人所得税完税证明"的证据。

二、案例特点

本案中嫌疑人有可能采用"文件粉碎机"等技术手段对检材中源数据进行过处理，对检材的取证具有一定难度。随着信息安全的日益普及，刑事案件中犯罪分子越来越多地使用合法的信息安全手段掩盖不可告人的秘密，使电子证据检验鉴定工作的难度逐渐加大成为趋势，本案作为这类案件的代表具有典型性。检验过程中严格按照电子证据检验鉴定的各项规则、标准要求操作，程序严谨，并且通过在检材中源数据复制操作之后，检验方案制作前增加一个粗检环节，快速、全面、概略地了解检材中源数据的情况，补充检验方案制作的依据，有效地提高了检验方案的效率。对检材的检验中综合应用多种工具，借助不同工具的技术优势提升了检验效果。

三、检验过程

本案的受理及检验流程如图 >>1 所示。

```
┌─────────────────────────────┐
│          预受理             │
│ (询问委托事项,判断鉴定范围)   │
└─────────────────────────────┘
              ↓
┌─────────────────────────────┐
│ 委托要求在实验室能力范围内,   │
│ 且检材能够正常工作,同意受理   │
└─────────────────────────────┘
              ↓
┌─────────────────────────────┐
│        办理委托手续          │
└─────────────────────────────┘
              ↓
┌─────────────────────────────┐
│ 使用Solo4制作检材中源数据的   │
│          复制件             │
└─────────────────────────────┘
              ↓
┌─────────────────────────────┐
│ 在FL-800取证塔上运行"取证大   │
│ 师"对检材中源数据的复制件进   │
│          行粗检             │
└─────────────────────────────┘
              ↓
┌─────────────────────────────┐
│   根据粗检情况制定检验方案     │
└─────────────────────────────┘
              ↓
┌─────────────────────────────┐
│ 在FL-800取证塔上运行EnCase取  │
│ 证工具按照制定的检验方案对检   │
│ 材中源数据的复制件作详细检验   │
└─────────────────────────────┘
              ↓
┌─────────────────────────────┐
│    出具检验结果书面材料       │
└─────────────────────────────┘
              ↓
┌─────────────────────────────┐
│         检验结束            │
└─────────────────────────────┘
```

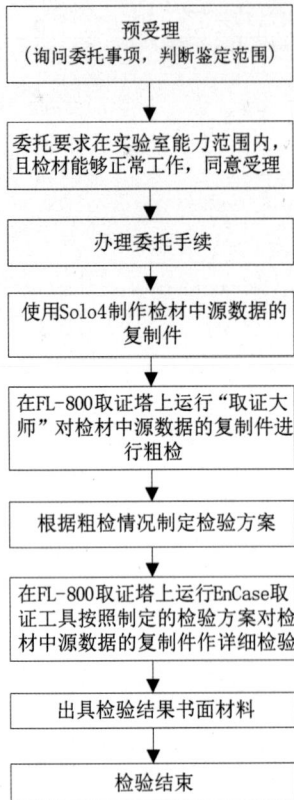

>-1 受理及检验流程

（一）受理及检材中源数据的复制

听取委托单位提出的委托要求后,判断该委托要求在实验室能力范围内。与委托单位办理委托鉴定手续,接收委托单位送达检材（已封存的 PC 机一台）。对 PC 机解除封存状态后提取机内硬盘一块,使用 ICS Solo4 对硬盘中源数据进行复制,并对解除 PC 机封存状态及硬盘复制过程进行录像。

（二）对检材中源数据复制件的粗检分析

使用"取证大师"（版本号:3.3.15633）工具对检材进行分析,分析结果显示:

1.嫌疑人在侦查人员开始案件调查的初期,通过互联网上搜索过"纪委＋嫌疑人姓名"等关键字。

2.检材中含有反取证工具"360 文件粉碎机",并且该工具的最后访问时间为检材被扣押前一周。

3.检材中源数据里包含有"个人所得税完税证明"的扫描图片 190 张,主要存在于回收站中未被清空的两个压缩包文件里。

4.部分扫描图片包含于 zip 以及 rar 压缩文件中。

由以上分析结果判断:

1.嫌疑人伪造文件的方法为将真实文件扫描成图片,然后修改图片的内容。

2.嫌疑人曾经将涉案图片存储于 zip 以及 rar 压缩包中。

3.嫌疑人在案件侦查阶段已经有所警觉,可能有采取技术手段毁灭证据的行为。

（三）制定检验方案

针对粗检的分析判断,制作以下检案方案。

1.删除文件的恢复。使用 EnCase（版本号:7.0.7）的"File Carver"处理模块对检材源数据的复制件中被删除的图片文件、压缩包文件做深入挖掘,并对压缩包文件做自动展开操作。

2.关键字搜索。为了避免粗检分析中可能漏掉嫌疑人采用其他方法伪造文件,以及可能存在的其他犯罪事实的证明,抽取"个人所得税完税证明"文件中若干文字内容作为关键字进行文本搜索。

（四）对检材中源数据复制件的详细检验结果

1.删除文件的恢复及筛选

使用 EnCase 的"File Carver"处理模块及压缩包自动展开后获得 10 万余个图片文件。因为能够实现清晰打印的图片文件需要容纳一定的信息量,即文件不能过小。为了提高从 10 万余个图片文件中筛选案情相关图片的效率,使用 EnScripts 脚本语言针对文

件大小编写文件筛选脚本对文件进行粗筛，再通过人工识别的方法获得内容为"个人所得税完税证明"的文件共计 627 个。

2.关键字搜索

使用检案方案中设定的关键字未能搜索到与案情相关的信息。

四、总结

本案的检验结果与案件调查中发现的其他证据相互印证，形成证据链，在后续的调查中有效地帮助办案人员完善了证据链中其他环节，特别是在核定涉案金额的过程中显著地提高了办案效率，在法庭上成为阐明嫌疑人犯罪手段的有力证据。回顾本案检验过程，总结以下几点经验。

（一）增加快速粗检环节，为检案方案制作提供充分依据

通常由于各种客观原因委托方难以提供对检材内数据的实际情况的准确描述，增加快速粗检环节的目的是统揽全局，补充对检材的了解，使详细检案方案更具有针对性。本案中，委托单位不能提供嫌疑人伪造文件的详细方法，受理后直接开始检验，检验中需要查找的目标对象范围过于宽广，通过粗检环节分析，将挖掘文件的种类重点放在图片和压缩文件上，检验效果明显。

（二）合理搭配使用工具，扬长避短发挥各家工具的优势

本案检验过程中使用了"取证大师"和"EnCase"两种软件，这两种软件风格迥异。"取证大师"的特点是自动化程度高，结果直观，检验速度快，适合用于粗检分析。EnCase 专业化程度高，灵活性强，检验中用于有针对性地狙击特定目标，高效可靠。

（三）树立客观科学的检验信心，沉着冷静地应对检案中出现的问题

电子信息技术分支庞杂并且发展迅猛，使电子证据检验鉴定成为一项富有挑战性的工作。而随着信息安全的日益普及，刑事案件中犯罪分子越来越多地使用合法的信息安全手段掩盖不可告人的秘密，使电子证据检验鉴定工作的难度逐渐加大成为趋势。本案检材中源数据被犯罪分子使用"文件粉碎机"处理过的可能性较大，但是，在使用文件粉碎工具处理之前被操作系统彻底删除的文件较难再次使用粉碎工具进行处理，文件系统的未分配簇是突破这类案件的希望，其次，回收站中未被清空的被删除文件也容易被犯罪分子忽略，从而留下痕迹。即便犯罪分子有刻意毁灭证据的行为，合理制定检验方案，科学地运用检验技术，还是有可能发掘出被犯罪分子忽视的蛛丝马迹。▲

电子取证技术智破非法获取国家秘密案

文 | 江苏省人民检察院　　汤鹏　周俊峰

一、简要案情和特点

被告人屈某某，男，1975年生，系南京某甲科技有限公司副总经理，原系某乙电子系统有限公司工程部部长。

被告人潘某某，男，1978年生，系乙公司研究所所长。

2011年1月11日，江苏省人民检察院接到南京新兴公司举报某甲公司相关人员涉嫌犯罪的线索，逐级转至南京市江宁区人民检察院办理。2011年3月18日，南京市江宁区人民检察院对屈某某、潘某某以涉嫌故意泄露国家秘密罪立案侦查，由该院反渎局成立专案组负责查办。在江苏省人民检察院技术处电子取证人员的大力协助下，办案单位查明、证实了屈某某、潘某某从某乙公司跳槽至某甲公司时，违反保密规定，擅自将某乙公司多个涉及国家秘密项目的电子资料复制出来，带到某甲公司，用于产品制售牟利的犯罪事实。2011年10月24日，江宁区人民检察院提起公诉。2011年12月2日，江宁区法院判决屈某某、潘某某犯非法获取国家秘密罪，均判处有期徒刑7个月。本案主要有以下特点：

1. 认定犯罪的证据以电子证据为主，涉案数据藏匿于多个存储介质中。本案中所称的"国家秘密"几乎全部以电子数据形式存在，且是本案的关键性证据，电子取证成为案件侦查的突破口。本案涉及的电子数据存储设备较多，包括2台笔记本电脑、1台台式电脑（含2块硬盘）、2台保密机、1个U盘、1个移动硬盘。

2. 犯罪嫌疑人反侦查能力强，电子证据提取、鉴定难度大。两名犯罪嫌疑人本身从事电子技术工作，且是公司的骨干成员，具备较强的反侦查能力，大部分涉案电子数据被删除、隐藏，或用高强度加密软件进行加密，给取证工作带来困难。

3. 案件罪名特殊，全省类似案件极少，

无现成查办经验可循。本案检察院以故意泄露国家秘密罪立案侦查，后以非法获取国家秘密罪、故意泄露国家秘密罪起诉，最终法院判决犯非法获取国家秘密罪。侦查过程中，由于办案人员对罪名的认定有不同的认识，导致侦查取证方向，尤其是对电子证据的收集、固定工作不断进行调整、修正。

4.电子数据内容专业性强，需外单位协助认定密级。检察机关提取出的电子数据因涉及军事、国家安全等科研项目设计图纸、技术参数等，是否属于国家秘密，属于何种等级的秘密，需要请求国防科技部门、国家安全部门的证实和鉴定。

二、电子取证技术运用情况

办案过程中，侦查人员面对的首要问题就是屈某某、潘某某到底有没有从某乙公司带走属于国家秘密的资料文件。在前期初查阶段，专案组人员找到了被南京市工商局（之前工商部门受理过此案）扣押的2台DELL笔记本电脑和一台台式电脑。这3台电脑分别属于不同的人所使用，需要检验确定犯罪嫌疑人，侦查人员及时将3台电脑送交江苏省检察院委托技术鉴定。

技术人员严格按照最高人民检察院和江苏省人民检察院制定的《电子数据检验鉴定相关规则》进行操作。为确保涉案硬盘的原始性，首先使用 Image MASSter Solo-4 硬盘复制机对送检电脑的硬盘制作了复制件。然后运行 Filerecovery Professional、FTK 等数据恢复软件，对硬盘复制件进行数据恢复，并设定关键词搜索文件，再打开搜索出的电子文件与某乙公司提供的纸质涉密项目逐一核对，发现2台DELL笔记本电脑硬盘中均存在与涉密项目一致的电子文件。这2台DELL笔记本电脑刚好分别是屈某某、潘某某的办公电脑。看到检验结果，侦查员非常兴奋，立即对屈、潘2人以涉嫌故意泄露国家秘密罪立案侦查，并迅速对二人采取强制措施进行突审。一开始，屈某某、潘某某二人拒不配合调查，侦查陷入僵局。技术人员继续在电脑硬盘中检验，发现有文件夹用 PGP 专业加密软件加密过，立即运用 GPU 解密工作站进行解密，打开文件夹发现许多文件与涉密项目一致。在技术人员提供的铁证面前，屈某某、潘某某的侥幸心理被打破，最终交代了犯罪事实，并主动交代了用来转移和存储涉密文件资料的移动硬盘和 U 盘以及 PGP 加密文件的多个密码。经过技术鉴定核对，移动硬盘和 U 盘中均存在与新兴公司涉密项目一致的电子文件，从而为案件侦查提供了重要证据。此时，完整的案情浮出了水面：2009 年 3 月，屈某某、潘某某从某乙公司辞职，秘密将各自使用的电脑中的工作资料复制并集中到潘某某的 U 盘中带出某乙公司以便日后使用。到某甲公司后，屈某某、潘某某各自将技术资料复制至某甲公司配发的 DELL 笔记本电脑中，并由潘某某将二人的技术资料备份至潘某某的移动硬盘中，其中屈某某的资料备份在 yy 文件夹中，潘某某的资料备份在 aa 文件夹中。屈某某、潘某某利用这些技术资料和客户关系，为某甲公司承接了不少业务，导致某乙公司技术和客户流失，亏损严重。

三、案件效果和影响

检察机关利用电子取证技术手段成功查办本案，取得了良好的社会效果和法律效果。

（一）维护了国家保密制度和高新技术企业的合法权益，树立了检察机关的执法威信

某乙公司是国防武器装备科研生产二级保密资格单位，在当地影响力较大。其在涉密技术资料被人窃取后首先是向工商部门反映，但工商部门缺乏相应的技术手段无法处理该案。检察机关在接到举报后，利用技术手段成功查办，显示了检察机关的技术实力，树立了执法办案的威信。

（二）电子取证技术在查案中发挥了决定性作用，树立了科技强侦、智慧办案的典范

办案单位的领导和反渎局干警对电子取证人员的专业水平和敬业精神给予了高度评价，认为本案的查办如果没有技术手段的参与，将寸步难行。技术人员与侦查人员共同研究案情，加班加点，互相支持，建立技侦合作机制，为今后查办类似案件提供了样本。

（三）通过刑罚达到警示教育的目的，增强科技从业人员的法律意识

本案屈某某、潘某某两人正是因为法律意识淡薄，在经济利益面前昏了头，而身陷囹圄。办案单位通过媒体宣传本案，给社会公众，尤其是广大科研工作者敲响了警钟，增强了他们遵纪守法、保守国家秘密、保护知识产权的意识。▲

电子证据：揭开渎职犯罪的最后面纱

本案例为一起典型的运用网络即时聊天工具——腾讯 QQ，作为作案工具的渎职案件，在案件的侦破中，侦查人员电子证据意识强，认为聊天记录及交易内容为锁定本案的关键，即委托技术部门对涉案的电脑及其他移动存储介质进行了取证。技术部门运用综合手段对上述电子证据进行了完整取证，通过数据分析还原了案件真相，取得了满意的效果。

文 | 江西省上高县人民检察院　　李碧东

2013 年 5 月，某省公务员考试成绩公布后，巨大的疑惑就在考生的头上萦绕：在某岗位的笔试成绩里，第 1 的成绩竟然接近满分，与第 2 名的差距达二十多分，这有可能吗？一个流言立刻在考生中蔓延：有些考生通过不明途径购买到了考试答案。如果事实如此，不仅对其他的考生不公，其中更可能隐藏着渎职犯罪活动。6 月，该省人民检察院接到群众举报，称某考试中心工作人员非法向部分考生售卖考试答案，强烈要求检察机关予以查处。检察机关接到举报后高度重视，为排除干扰，特指派下级院对此案进行专案侦查。

一、初查方向：从乱麻中理出头绪

线索的价值有限，既无嫌疑人也无具体事实，考试的过程涉及试题抽取、排卷、印刷、运输、保管、分发、监考等环节，究竟是在哪一环出现试题泄露，成了侦查人员首要应解决的问题。面对这一堆乱麻，专案组召开诸葛亮会，总结初查方向：2013 年这次公务员考试存在试题泄露的可能性很大，应把初查重点放在本次考试的各个环节上。经层层排查，考试中心排卷员柳某进入专案组视野，其有重大作案嫌疑。

二、初次交锋：案件陷入僵局

初查目标确定后，专案组立即对柳某进行拘传讯问，但案件显然不如预期的顺利。由于考试成绩显露的破绽太过明显，加之流言满天飞，柳某早有了防范措施，删除了除正常排卷工作电脑以外所有媒体上的试卷记录，为迷惑侦查人员，把非法交易试卷联系人的 QQ 也一并删除，让侦查人员无从着手。因此，柳某在面对讯问时底气十足，称考试中心管理严格，不存在泄露考题的问题，那只是社会上那些落选考生的恶意流言。几个回合下来，案件毫无进展，渐渐陷入了僵局。

三、QQ 查询：案件初现端倪

针对当前的困境，专案组重新对本案进

行了分析，认为柳某作为计算机操作人员，手里掌握的计算机多达4台，且考试中心管理严格，不可能通过打印纸质试卷进行交易，其泄露考题的途径最大的可能就是通过互联网，而且是通过常用的腾讯QQ软件联系和发送。明确这一点后，侦查人员要求查看柳某的QQ。柳某自恃已删除关键信息，为证实自己的清白，交出了QQ号和密码。

得到其QQ资料后，侦查人员立即委托检察技术部门计算机专业人员，对涉案计算机进行了提取和封存，并进行了聊天记录数据恢复。

1. 由侦查人员、技术人员、犯罪嫌疑人当场启封其使用过的硬盘，当场验证硬盘序列号。

2. 用计算机裸机光盘启动PE系统，对硬盘、U盘、移动硬盘进行只读数据复制，方法为全分区克隆。在PE下查明原分区数量和大小，用大容量移动硬盘进行对应分区和卷标命名，再使用GHOST软件对分区一一对应克隆。

3. 克隆结束后对开封的存储介质重新封存，以上过程全程同步录音录像。

4. 利用搜索功能提取所有硬盘里的MSG2.0.DB、MSG3.0.DB及MSGex.DB文件（注：这三个文件分别是不同时期版本的聊天记录数据库文件，2011年以后版本为MSG2.0.DB，更改了加密方式，均需要登录密钥才能打开），按文件路径上的QQ号对文件进行重命名，如123456789的QQ号即命名为123456789-1.DB。通过提审获取犯罪嫌疑人所用的全部QQ号及密码，隐身登录后打开消息管理器，点击"工具"，导入"消息记录"，浏览到对应QQ号的DB文件后确定导入，数据库内聊天记录将正常显示。记录导入成功后，再点击"工具"，"导出全部消息记录"，选择导出格式为TXT文本文档，以数据库对应文件名存盘后删除

DB 文件及聊天记录，重复上述操作导入另一数据库文件，至全部导入导出结束，将所有 TXT 文档交侦查人员筛选甄别。

通过数千条聊天记录的甄别，侦查人员注意到柳某在 2013 年 1 月与一名叫伍某的聊天过程："青姐，马上要参加职称考试了，你能不能帮我一把？""小英，现在风声有点紧，试题不好弄了。""青姐，再帮我一次吧，上次英语考试通过，这次专业考试不通过的话，都白忙了。要是这次能通过，会比上次更重地谢你（笑脸）。""好，我来想想办法，不能让别人知道，要不然我要丢饭碗了，聊完后把记录赶紧删掉，切记。"上述记录让侦查人员眼前一亮：这不就是一条试题交易记录吗？百密必有一疏，柳某叫别人删了记录，自己倒忘记了，给侦查提供了重要的突破口。

再次讯问一提及伍某这个名字，柳某的脸色一下就变惨白，如实地交代了泄露职称考试试题的过程。但问其公务员考试的泄题情况时，立即又闭了嘴，因为她尚存侥幸：既然侦查人员掌握了这条信息，那说明全部的聊天记录已被查看过，只有这条该死的信息忘记了删除，其他的应该查不到了。

侦查工作刚露出曙光，又重新进入迷雾。

四、数据恢复：撬开紧闭的嘴

专案组分析：在查获的聊天记录里，伍某提到了"再帮我一次吧"，说明柳某至少帮过其两次，为何记录里查不到。原因有二：一是聊天记录被删除，二是好友被删除。要在这种情况下把聊天记录恢复出来难度极大。故专案组邀请了计算机专业人员，对克隆后的硬盘再次进行数据恢复。

技术人员首先还是先找到 MSG2.0.DB 文件，打开 QQ 所在分区，搜索出上述文件，复制出对应 QQ 号下的所有 MSG.DB 文件。找到该文件后，需要安装 WINHEX 软件，因为该数据文件是加密的。安装完成后打开软件，直接将之前找到的 MSG2.0.DB 拖到 WINHEX 中，WINHEX 对文件进行解析，利用专业知识对 16 进制数据进行分析，找出疑似被删除聊天记录的字块进行定义选块，执行"编辑——复制区块——置入新文件"进行数据导出，重新存取为一个 DB 文件，起名为对应 QQ 号的 DB 文件，再执行前述的导入恢复即可。

在这次恢复的聊天记录里，侦查人员终于发现了重要信息：网名叫"青纱帐"的人与柳某联系频繁，且出现了"某某考试试题已发送完毕"、"青妹子，刚去省城开会，带了些土特产，还有一个信封在里面，到你办公室没找到，放传达室老邱那里了，你回来后去拿下。""胡领导，东西已收到，太客气了，怎么比上次多些？""没关系，合作愉快哈！！"这些信息让"胡领导"进入了侦查员的视野，侦查员们精神大振，立即有针对性地加强讯问强度，柳某全面崩溃，交代了其与胡某（原考试中心工作人员，已调外地任职）合谋利用 QQ 进行售卖考题的事实。

五、数据神威：揭开犯罪的最后面纱

柳某取得突破，专案组迅速拘传胡某。在事实面前，几次交锋后胡某败下阵来，开始交代犯罪事实。但笔录摆在侦查人员面前时，他们又犯了愁：两个犯罪嫌疑人虽然都交代得很详细，但交易次数、时间、金额很多不吻合，难以锁定证据链，再讯问时两犯罪嫌疑人均以"记不清了"为由搪塞。据柳某交代：自己用的笔记本在听到社会上的风声时，干脆把系统重装了，再也没用它上过 QQ。这条信息让侦查人员陷入思考：能不能

把这些整个号码的聊天记录都被删除掉的恢复呢？这还得交计算机专业人员来办。

技术人员用 PE 带有的 FINALDATA 数据恢复工具进行恢复，启动 PE 后将移动硬盘插上供数据恢复保存之用，启动 FINALDATA，点打开按钮，对原有硬盘进行逐盘扫描，等待一段时间后，从 FINALDATA 里找到腾讯文件夹，再从里面找到之前丢失聊天记录的 QQ 号，双击该号打开，找到里面的 MSG2.0.DB 文件，将其恢复至移动硬盘，并以该 QQ 号重新命名，重复操作至把硬盘所有已删除的 DB 文件全部恢复，将其导入现有 QQ 进行恢复。同时，为了印证交易中试卷传送的次数和名称，技术人员把所有硬盘的 OFFICE 文档进行了恢复，一并交与侦查人员进行数据分析。

通过聊天记录、试卷名称与内容等数据与口供的结合，侦查人员终于理清了两犯罪嫌疑人的全部犯罪事实，证据链完整形成，在电子数据的神威下，此宗涉嫌泄露国家秘密罪的渎职案件终于尘埃落定。

六、本案启示

由于本案仅通过 QQ 进行交易（电子邮件查询结果也证实了这一点），QQ 聊天记录及通过 QQ 传输的文档恢复为本案关键，故本案的电子证据提取集中在聊天记录及 Word 文档。通过本案，在电子证据取证方面有以下启示。

1. 提取程序要规范。所有提取执行的操作，必须进行拍照、摄像固定；将硬盘、软盘和光盘取出单独包装，密封后由所有在场人签字。

2. 现场至少有涉案单位两人，作为提取见证人。

3. 数据恢复应采取只读式，用裸机在 PE 微型操作系统下采取扇区扫描式恢复，恢复结果可靠，对原数据不产生影响，便于原始

信息保全。

4. 数据提取要有针对性，避免走弯路。要充分结合侦查结果进行，反过来又指导侦查，可避免重复无意义的劳动。

推荐理由

1. 本例从实战出发，对电子证据的取证过程进行了全过程阐述，在目前电子取证程序尚未出台规范性文件的情况下，对规范基层电子证据取证工作有一定的指导作用。

2. 本例的数据提取和恢复有一定的特色，对基层取证设备不足是一个很好的弥补，适合于基层院在自侦案件中配合其他技术手段使用，事实证明本文介绍的方法行之有效，值得借鉴。▲

电子证据为案件侦破提供技术支持

视频监控系统中的视听资料是通过摄像头等设备，采集图像数据生成的文件，是电子物证不可缺少的一个重要组成部分。它不仅可以对监控现场进行不间断实时监视，还可以通过各种存储介质将监视内容清晰地记录下来，以备随时查证。本案是一次针对视频监控系统中的数据资料，进行电子取证的技术协助。检察技术人员突破层层障碍，成功取得了侦查员需要的资料，为案件的成功侦破提供了技术保障。

文 | 辽宁省营口市人民检察院　　李勇　邹孟岩　谷晶

一、案情简介

2013 年营口市人民检察院反渎职侵权局（以下简称反渎局）接到举报，称营口市某局工作人员在查办一起组织卖淫、嫖娼和容留他人卖淫的案件中，非法拘禁他人，并且在这一过程中使他人人身受到损害。检察院侦查员依法对某局工作人员姜某、孙某二人进行调查询问。二人只陈述确有此案件的事实表象，称办案期间均是正常传唤，并且二人都不承认自己有非法拘禁的行为。在案件陷入僵局时，侦查员想起检察技术人员在一次专题讲座中曾经提到过，各大机关、企事业单位都装备有视频监控系统，监控系统可以记录一周以上的视听数据资料，我院技术部门也具备一定提取资料的能力，并有相关提取、恢复设备。因此，营口市院反渎局委托市院技术处对该局监控系统中的数据进行电子证据的提取工作。

二、案件经过

监控录像中记录的内容是本案十分关键的"时间"证据，主管检察长及时指派了技术处成立三人电子取证小组，处长任小组组长，负责沟通反渎局和某局的案情与电子物证关联工作，侧重案情与监控录像的关联性，两名技术人员具体操作，明确分工，并在实际取证之前，精心研讨取证过程可能出现的各种技术问题和一些阻碍，做出多种应对预案。

营口市人民院检察技术人员在侦查员的统一指挥下，仔细地查看该局的监控设备。技术人员带着电子取证箱进入现场后，发案单位工作人员对检察技术人员要使用电子取证技术进行视听资料恢复工作故意干扰。制造种种理由，声称自己单位的监控系统上周就坏了，询问室附近的摄像设备则更早就坏了。当检察技术人员顺着线路查找到视频监控服务器时，该局工作人员更加紧张地防备

起检察技术人员，用各种借口阻挠技术人员对服务器进行现场勘查。在技术人员耐心劝说下，终于见到了"保存真相"的服务器。技术人员经过细心勘查，服务器确实有故障，但是用工具测试设备时，发现设备仍然有电，并有视频信号传输。检察技术人员在修理服务器和询问室的终端摄像头时，发现这些设备和摄像头是近日人为破坏而制造的假象，并不是真正的"年久失修"，检察技术人员修理好设备后，进入监控系统进行取证工作，而此时发现，这段"证据"视听资料已经被人为地删除了，技术人员使用电子物证箱中的计算机硬盘恢复工具，进行了准确的技术操作，恢复了已经删除掉的原有现场的监控录像资料，并有技术人员把恢复、取证过程进行了实时录像。通过重新显示视听资料所记录的时间，确定了该局工作人员非法拘禁他人的时间、此事件的现场参与者等相关资料，由此形成了电子物证意见书，成为正式的法律文书，当侦查员拿着被恢复的监控视频资料载体，并把姜某、孙某二人非法拘禁

被拘禁人的起始时间等内容告知二人时，他们在被恢复的视听资料面前均低下了头，不再矢口否认。二人在证据面前无话可说，只能承认了自己非法拘禁他人的事实。侦查员也没有想到技术部门会有如此"先进"的技术，能把已经"消失"的东西还原回来。起初他们只是抱着试试看的想法，让技术部门做一次技术协助，没想到通过技术部门认真、细致的工作，用电子物证恢复技术，就能够神奇地把被删除的视听资料恢复回来，为案件的成功攻破起到了关键性的作用。

三、法律效果

营口市人民检察院反渎局采用了市院技术处的电子取证结论，技术人员提供的取证资料、电子证据检验意见书等为此案件提供了侦查方向。该案现已审判完毕，姜某、孙某二人均被判处非法拘禁罪。由于本案使用电子证据恢复技术，提取出监控录像资料内容，为案件的侦破提供了关键性、直观的证据，使嫌疑人无法狡辩，直接突破了嫌疑人的心

理防线，在办案进程中起到了重要的作用。被非法拘禁者感谢检察技术人员通过技术手段为案件还原了真相，把姜某、孙某非法拘禁自己及朋友的过程重现出来，否则自己的冤情将无处可诉。检察技术人员通过电子取证技术化解了被非法拘禁人员的心理顾虑，从基层做到了化解社会矛盾。

四、案件特点

1. 有监控设备。

2. 被查处人员有掩盖违法犯罪事实的需要，并制造种种障碍。

3. 监控设备被人为损坏。

4. 监控录像内容删除。

5. 办案人具备较强的技术侦查意识。

6. 技术人员具备较高的电子取证技术水平，能较好地使用电子取证箱恢复电子数据。

五、心得体会

当今社会已经进入信息化时代，伴随着信息化在现代社会中日趋广泛的应用，电子物证已是随处可见，案件中的电子物证，在查办案件中起着更加关键、直接、客观的作用，电子物证技术越发成为现代检察技术工作的迫切需要。修改后《刑事诉讼法》第48条明确将电子证据列为刑事诉讼证据种类之一，电子证据的法律效力和证明案件作用已经得到认可。

视频监控系统是电子物证中不可缺少的一个重要组成部分，它不仅可以对监控现场进行不间断实时监视，还可通过各种存储媒体将监视内容清晰地记录下来以备随时查证。视频监控系统可以提供证据与线索，当前很多案件或事故，都是根据录像信息找到线索，进而再通过录像很容易找出相关责任人员，从而侦破案件。

随着信息化的快速发展，电子物证的高科技性使取证变得便捷和高效。取证技术人员也应当具备与之相关的电子物证专业知识与技能。电子物证比其他证据种类有一定的优越性，可以使犯罪线索搜集与其他取证活动相辅相成，并达到良好的效果。营口市院按照科技强检及侦查办案工作的具体要求，在电子物证设备引进后，积极探索电子物证检验工作模式，安排相关专业人员进行学习培训，培训后的人员又对全地区信息化人员进行全方位、系统的培训，形成营口地区整体的传帮带的良好工作、学习模式。成立了营口地区电子设备专业技术人员工作小组，对电子证据的发现、收集、评断和使用等诸多方面进行了有效的探索和尝试，使电子物证技术得到最快的发展，更好地为办案服务。

推荐理由

本案是一次针对视频监控系统中的数据资料，进行电子取证的技术协助。技术部门用电子物证恢复技术，把被删除的视听资料恢复回来，为案件的成功攻破起到了关键性的作用。检察技术人员通过电子取证技术化解了被非法拘禁人员的心理顾虑，从基层做到了化解社会矛盾。▲

郭某等贪污案电子证据技术协助情况综述

文 | 山东省聊城市人民检察院　　王国栋

一、基本案情

犯罪嫌疑人郭某在担任山东水文水资源局艾山水文站站长期间，利用职务之便，在2011年4月离任之际，与被告人李某、梅某、汝某预谋并隐匿该站账外资金621000元不向下任站长张利交接予以私分，被告人郭某拟定了交叉存放存单的方案及四人私分数额，并与李某等人商定以四人个人名义将该笔款项存入中国银行东阿支行。

2011年9月，被告人梅某、汝某根据郭某的安排将账外资金账簿销毁。2011年10月3日，被告人郭某安排李某、梅某在中国银行东阿支行分别以四被告人的名义存储三年定期存单5张，四被告人采取上述方式隐匿侵吞公款621000元，其中被告人郭某分得240500元，被告人李某分得130500元，被告人梅某分得130500元，被告人汝某分得119500元。被告人汝某所分得的119500元款项中因公支出38090.50元，实得81409.50元。

被告人郭某于2011年4月离任之际，伙同被告人李某、梅某私分该站账外资金19398元，三被告人每人分得公款6466元。

最终被告人郭某犯贪污罪，判处有期徒刑10年。被告人李某犯贪污罪，判处有期徒刑5年。被告人梅某犯贪污罪，判处有期徒刑5年。被告人汝某犯贪污罪，判处有期徒刑3年缓刑5年。

二、案件特点

总的来说，本案属于一个电子证据使用程度较高的案件，其主要表现在：一是电子证据涉及数据量庞大，数据信息类型及存储方式多样。在案件侦破过程中共发现移动硬盘3个、U盘5个、手机3部、笔记本1台、台式机1台、普通硬盘1个，涉案数据总量接近5T。文件包括OFFICE文件、音频文件、视频文件等多种类型，还包括电子邮箱、QQ聊天记录、QQ空间网络资源数据。其中经解

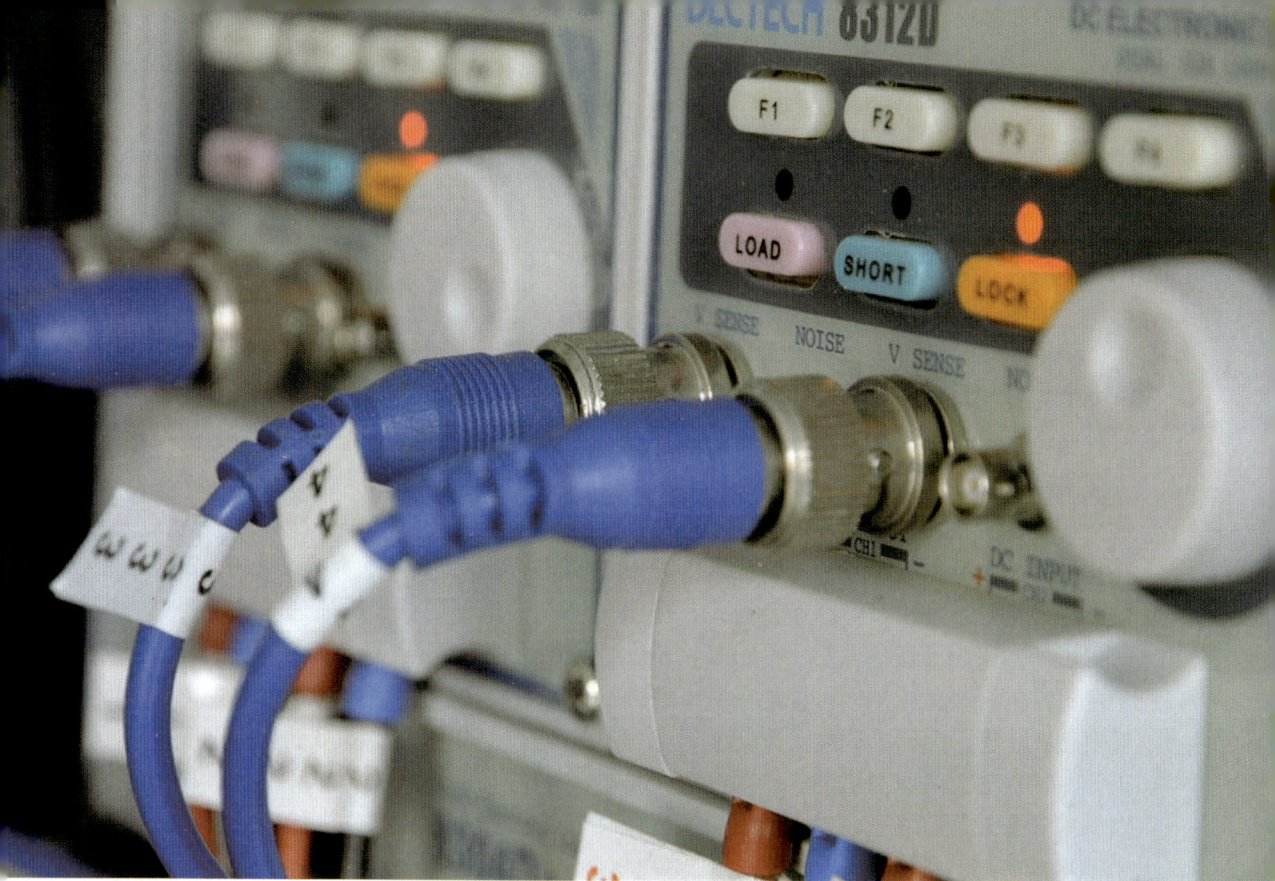

密处理出的单个 Word 文档中，就发现犯罪嫌疑人郭某两年的工作日志，总字数 2 万余字。二是电子证据在案件侦破过程中起到传统侦查手段无法替代的作用。面对账外资金账目已被销毁的现实，技术人员通过对搜查期间现场封存的郭某、李某的移动硬盘、笔记本电脑、电脑主机数据恢复和文件解密，发现了详尽的账外资金电子账目，解决了涉案资金来源这一影响定罪量刑的关键问题。通过对郭某的手机通话记录和已删短信信息的恢复，发现了郭某于案发前与他人串供的重要信息，从而为固定其涉嫌贪污的主观故意提供了再生证据。三是本案中电子证据取证工作有一定的难度和技术含量。犯罪嫌疑人郭某精通电脑（可独立完成数据恢复作业），具有很强的反侦查意识。投案前，曾指使司机为其使用电脑更换硬盘，并藏匿了一个优盘。所有账外资金电子账目都设有密码，在本案中具有重要意义的郭某长达五年工作日

志更是分别藏匿在电脑硬盘、U 盘、163 邮箱、QQ 邮箱四个不同位置。技术人员通过搜查到的电脑进行分析，发现硬盘已被更换，进而找到被更换的硬盘。通过对原硬盘的数据分析，发现在这台主机上经常使用的 U 盘，经常登录邮箱，QQ 账号等。有鉴于此，我们采取了有针对性的工作措施，保证了案件效果。

三、工作措施和方法

（一）与省、市院技术部门、自侦部门建立了长效的协助配合机制

一是侦技联动机制。自侦部门在进行搜查、讯问等侦查活动时，可邀请技术部门参与，对办案取证工作进行现场指导，保证搜查、讯问质量。本案中技术部门全程参与自侦部门搜查过程，并现场对搜查到的电子证据进行初步分析，发现犯罪嫌疑人藏匿 U 盘一个、旧硬盘一个。

二是技术部门跨区域协作机制。本院技术部门无法解决的技术问题，可以向上逐级

委托市院或者省院技术部门。本案中涉案的两块硬盘、一个硬盘录像机，都是在省院技术部门领导的帮助指导下成功提取了加密文件与监控视频，由此突破了侦查方向，确定了被转移硬盘的去向。

三是专业物证送检机制。要求自侦部门在案件中如涉及电子证据、司法会计等方面的证据应委托技术人员进行审查鉴别，提出意见。如本案中涉及的电脑、手机等物证，一个正常的开机关机动作都可能导致一些涉案信息被覆盖，且无法恢复。

四是主动上门服务机制。针对办案干警对某些专业知识不甚了解的现实，技术人员主动到自侦部门接受技术性问题咨询，提供技术服务，并做到有问必答、有案必办、细心耐烦、认真负责。

（二）结合办案实际，摸索科学高效工作方法

1. 电子证据取证时一定要及时、全面。由于电子证据的易损失性，决定着电子证据极易被有意、无意地破坏，所以要求办案人员在搜查取证的过程中一定要及时全面。

2. 切实重视电子证据取证后的初查工作。电子证据的初查是指电子证据取证完毕后，对电子数据进行全面分析前，先对电子证据进行初略分析。初略分析有两个方面的作用：一是利用电子证据的关联性，快速查找新的电子证据载体。如通过对该案中的一台电脑粗略分析后，发现该电脑经常使用某个U盘，而在搜查过程中没有发现，则可能犯罪嫌疑人将其藏匿。应在以后搜查取证过程中注意，或责令相关人员交出该U盘。二是通过初查分析，可以了解已发现的电子证据的基本情况，确定分析处理重点。如本案中发现近3T的数据量，如果全部按部就班逐个分析处理，

全部完成需用2~3周时间，而经初查分析，发现其中一块移动硬盘系嫌疑人女儿使用，数码相机及数码摄像机为嫌疑人外出旅游时使用等情况，确定两个U盘、一台电脑为主要分析对象率先分析，其他数据延后分析的侦查思路，结果4天时间内即发现了大量的涉案信息，极大地提高了办案干警的提审效率。

3. 电子证据分析处理应与案件具体事实和发展进度相结合

电子数据包含信息十分庞大，仅从一块涉案硬盘中即发现了被删除的DOC文件近千个，在如此庞大的信息量中寻找和案件有关的电子数据，和案件具体情况相结合建立适合的索引是关键。本案中，我们使用"2009"、"账号"、"101435"等关键字成功搜索到2004~2009年郭某所在单位的相关电子账目，从而为解决涉案资金来源问题奠定了坚实的基础。

（三）执行严格的工作制度

电子证据作为一种新兴证据，又具有无形性、隐蔽性、易损失、可修改性等多种特点，所以电子证据取证一定要规范。如在提取电子证据存储介质时应进行录像，对电子证据介质所在位置应进行拍摄等。如需对电子证据进行制作副本操作时，应有第三方见证人在场，并现场进行MD5值验证。对电子证据分析处理应在其副本上进行等，提取时应制作电子证据提取笔录等。

四、办案效果

本案的办案效果主要体现在两个方面：在法律效果方面，为全省检察技术部门办理同类案件提供了借鉴和经验；在社会效果方面，通过案件办理，建立检察技术与自侦部门长效配合机制，对树立检察技术的公信力发挥一定作用。

推荐理由

本案是聊城市人民检察系统开展电子证据工作以来办理的比较成功的一起典型案例。技术人员发现账外资金电子账目，解决了涉案资金来源这一影响定罪量刑的关键问题。通过对郭某的手机通话记录和已删短信信息的恢复，发现了郭某于案发前与他人串供的重要信息，从而为固定其涉嫌贪污的主观故意提供了再生证据。以上种种为案件侦破起到重要推动作用，再一次证实了技术工作在侦查工作中所起的重要作用。通过电子证据协助，可以为侦查提供方向；帮助侦查人员调整策略；直接或间接协助案件的突破。电子证据技术是侦查学上一项值得探索和发展的学科，相信作为侦查阶段一项行之有效的辅助手段，将有着非常广阔的应用前景。▲

电子数据为侦查网络诈骗案提供证据

本案犯罪嫌疑人利用淘宝网络购物平台骗取多名被害人资金，并利用速度达等第三方支付工具进行洗钱，作案手法欺骗性高，被害人数众多，社会影响恶劣。

文 | 浙江省杭州市江干区人民检察院　　徐衍　姚瑶

一、情况综述

（一）基本案情

2013年3月16日下午，犯罪嫌疑人朱某等在福建省厦门市湖里区江头街道后埔社220号，冒充淘宝买家在被害人周某的淘宝店铺拍下商品，假称因被害人店铺未开通消费保证金而不能付款完成交易，后冒充淘宝客服人员通过旺旺与被害人联系，以快捷开通消费保证金的名义骗取被害人同意远程连接，通过代付的方式诈骗被害人消费保证金1000元，后继续以开通特色服务及店铺违规等理由通过代付的方式诈骗被害人10000余元，至当天19时28分许共诈骗被害人周某11100元。

（二）侦查难点

本案所扣押的各类物证如银行卡、3G上网卡、手机卡等均与犯罪嫌疑人朱某的真实身份情况无关联，无法从物证角度确认犯罪嫌疑人朱某对本案被害人实施了诈骗行为；且嫌疑人不承认其在2013年3月之前有过网络诈骗行为，后发现其察觉公安机关追查而在2013年3月21日格式化了硬盘并重装了系统。由于物证和口供均无法突破，案子陷入僵局。

在电子取证方面，公安机关从犯罪嫌疑人朱某租用的房间内查扣了笔记本电脑3台，但数据基本已经被删除，没有犯罪嫌疑人朱某对被害人周某实施诈骗的记录痕迹。公安机关将扣押电脑送某科技公司进行电子取证，其鉴定结果只能证实"申请代为支付人的支付宝账户名为 sboendel@yahoo.cn"，对应的淘宝号为 yuhaha007，并只对电脑中存在的速度达账户的出入账记录进行提取，对案件侦查未能有实质突破。

侦查监督部门提前介入后，要求技术部门再次进行电子取证，明确侦查方向。

二、检验

（一）检验过程

杭州市江干区人民检察院技术科了解基本案情后，与承办人深入讨论案件疑点和难点，认为嫌疑人既然涉嫌用淘宝进行网络诈骗，受害人肯定不止周某一人，明确了通过技术手段扩大范围反查的取证思路，从三个方面着手：一是规范复制，保存原始数据，防止检材污染。对涉案电脑的硬盘进行复制，通过使用高速硬盘复制机，对3台电脑的硬盘进行了复制，通过哈希值校验，在取证时只对复制出来的硬盘进行操作，且操作时全程连接只读锁，确保对硬盘中的数据只能读取，不能写入，避免对检材造成污染。二是深度恢复，取得关键证据。对复制出来的硬盘进行数据恢复，通过对整个硬盘进行深度恢复，并搜索未分配簇里的数据，取得了被删除的淘宝旺旺聊天数据库、QQ聊天数据库等有用信息，为进一步取证分析提供了线索。

三是分析深挖，破解常用密码，佐证犯罪事实。使用取证分析软件对硬盘中的数据进行数据挖掘。由于没有嫌疑人QQ的登录密码，无法分析其中的作案信息，技术人员从一些恢复的文件碎片中分析发现了犯罪嫌疑人多次使用163邮箱进行支付宝账户的注册，大胆假设其邮箱密码和QQ密码可能存在同一性，尝试通过分析邮箱密码入手破解其QQ密码。将"yuhaha007"、"163.com"设置为关键字后对硬盘进行了全面搜索，最终在未分配簇里定位出相关文件，并从文件中找出了犯罪嫌疑人的常用密码，并通过该密码对阿里旺旺聊天记录、QQ聊天记录及支付宝出入账记录进行查看，发现其多次进行淘宝诈骗的聊天记录，除了证实其对报案被害人的诈骗行为，还发现了犯罪嫌疑人对胡某等二十多位被害人行骗的记录。通知公安机关联系到其他被害人，并且通过其他被害人的账户信息进行反查，与犯罪嫌疑人支付宝账户的出入账记录及速度达账户的出入账记录一一对应，形成了完整的证据锁链。

（二）技术支持意见作用

电子取证技术支持为证据锁链形成起到了关键性作用，对该案的批捕、起诉提供了证据材料，目前该案正在法院审理中。

推荐理由

网络交易作为虚拟交易方式，符合互联网应用趋势，亟待规范。本案犯罪嫌疑人利用淘宝网络购物平台骗取多名被害人资金，并利用速度达等第三方支付工具进行洗钱，作案手法欺骗性高，被害人数众多，社会影响恶劣。该案已经专业公司介入，但缺乏与办案部门紧密联系明确侦查方向，而且嫌疑人有较强的反侦查意识，定期对作案电脑进行格式化、重装系统，存在较大的侦查难度。本案在明确电子取证思路上有所拓展，在技术手段和密码破解上也有所深入，办案效果良好。同时本案技术人员与办案人员充分交流协作的做法也是取证成功的重要节点。本案与办案人员协作、取证思路明确，技术方法选择上值得借鉴。▲

司法会计技术协助在"5·08"专案侦破中发挥作用

该案案件涉及金额大，犯罪手段复杂，涉及面广，且立案后犯罪嫌疑人张某零口供。司法会计的及时介入，使案件顺利突破，缩小了侦查范围，缩短了侦查时限，并加强了办案力度，深挖了犯罪，很好地发挥了司法会计人员技术协助作用，宣传了司法会计办案效果。

文 | 北京市人民检察院　　朱红　王秋平

一、案情简介

犯罪嫌疑人张某，女，50 岁，某中心主任（正局级），在担任中心主任期间，利用职务便利，涉嫌贪污公款 1276625.76 元，涉嫌受贿 284091 元。

二、受案原由

2005 年 3 月，我市一分院收到署名举报关于某中心原主任张某涉嫌贪污犯罪线索。经最高人民检察院、北京市人民检察院交办，该案作为"5·08"专案，是中央单位某系统第一案。

"5·08"专案是典型的窝案串案，此案虽然是署名举报的案件，但是犯罪嫌疑人作案手段狡猾，且事后反复串供，作假证，毁灭证据，因此，使案件侦破遇到重重困难。我院两名司法会计按照领导指派受理委托为专案的办理提供技术协助。

三、技术审查

被举报人所在单位财务部门提供了 30 多个账户的所有财务会计资料，我们根据举报内容进行如下技术审查。

1. 对被举报人所在单位涉及被举报事项的时间范围内某专项资金使用情况相关财务会计资料进行审查。

2. 对调取的被举报人所有个人账户的大额资金进出情况相关财务资料进行审查。

3. 对被举报人被举报事项涉及部门的财务会计资料进行审查。

四、主要做法

1. 在初查阶段，配合侦查人员迅速突破案件，使两名犯罪嫌疑人被立案侦查。

2005 年 3 月侦查人员开始初查，同时该中心上级单位纪检监察部门也到该单位对相关财务会计资料进行审计，但是双方都没有

明显进展。并且被举报人仍在职，因此调取证言方面也遇到前所未有的困难，侦查活动陷入困境。

同年4月，我院司法会计受理委托，在进行初步技术审查后发现，无法从财务会计资料中找到与举报内容对应的确凿证据。但是经过连续一周翻阅了该单位自2000年以来的几千册账本凭证后，司法会计人员发现了一笔发放两万元奖金的原始单据被分别附在两张记账凭证后，并且都盖有"现金付讫"章，她们迅速将情况反馈给侦查人员，侦查人员据此迅速展开调查，很快查实此笔现金支出确系重复支取，实际领款人竟然是时任财务负责人的金某。侦查人员迅速对其立案侦查，此时司法会计人员介入案件刚刚8天。金某的立案为案件的侦破打开缺口，针对金某的调查迅速展开。但是被举报人张某的相关事

实仍然无法查实。

由于张某的职位特殊（本单位的一把手），证言的调取困难重重，并且其不直接经手资金，要找到举报证据更是难上加难。为了查明举报事实，根据该单位财务会计资料的规律，司法会计人员及时调整了查账策略，针对举报内容中涉及相关部门相关人经手的大额资金进行仔细反复排查，发现了其中几张记账凭证的后面被举报人的批字内容与其他凭证有所不同，并且这几张凭证后附发票的书写字迹相似，账务处理也存在可疑之处，涉及金额二十几万元。司法会计立刻将此信息反馈给侦查人员，经进一步侦查，5月中旬张某被立案侦查。

2. 在将犯罪嫌疑人张某立案抓捕后，司法会计人员根据已掌握的犯罪证据、犯罪手段和特点，对几千册财务账本和凭证进行分

类查账，协助侦查人员陆续深挖出新的罪证，使犯罪金额从最初的几万元增加到上百万元。

司法会计人员在查账中发现此案存在如下的特点和情况：

（1）此案涉及的手段繁多，并且具有每笔涉案资金金额小，笔数多，总金额大的特点。主要有：①以礼品费的形式套取现金；②以调查费、会议费名义套取支票；③收取现金不开票不入账；④以假发票报销的形式套取现金或支票；⑤以假名签字方式虚列劳务费支出套取现金；⑥以事后涂改加大专家酬金金额数额方式，套取现金；⑦以假名字领取奖金方式套取现金；⑧以加大合同金额方式从财务套取资金；⑨购买空白假发票任意填写套取现金；⑩通过合作单位套取或隐藏资金，并设立账外小金库进行贪污；⑪收受合作单位贿赂。

（2）此案犯罪涉及单位多、涉案人员多，账户多。中心下属的三十多个公司和部门，几十个账户大多数涉案。在司法会计协助侦查人员查账过程中发现，张某的贪污大部分是指使其下属干部完成的，一些干部在帮助张某贪污的情况下，自己也从中获利。该中心的三任财务处长均涉案。

（3）涉案资金隐藏深，资金走向复杂。犯罪嫌疑人张某和另一名犯罪嫌疑人中心原财务处长金某二人的涉案金额均过百万元，但是每一笔金额侦查取证均多重曲折。如张某利用职权贪污房款，仅一笔房款就经过11次账务处理，分别在中心的三个账户中五进六出。

在对前期查账过程分析的基础上，司法会计人员针对此案的上述情况和特点进行分析排查，确立不同的查账方向和实施不同目的的查账手法，不断发现新的犯罪资金。例

如司法会计人员在针对有关人员经手的相关凭证查账过程中，发现一些发票开据单位名称不同，但是开票人员笔迹类似，且与该单位有关人员的笔迹相似。还有一些票据是同一单位所开据，但是票号与开据日期顺序相反，有违常规，经查这些票据都是犯罪嫌疑人用于套取中心资金的虚假发票。又如，司法会计人员对犯罪嫌疑人金某经手过的所有大额资金进行有针对性的排查，对原始票据进行分析，配合侦查人员调查取证，最终使一笔笔涉案的资金收支被查实。

在案件侦查后期，司法会计人员又对已经过滤过了的财务账证中的有关可疑资金往来，进行再次筛查，并协助侦查人员对相关财务会计资料、相关财务人员进行调查取证，使原来在此案初查阶段因一部分证人作了伪证而放过的犯罪金额被核实，累计犯罪金额加大。

如案件初查阶段，犯罪嫌疑人金某经手的一笔7.68万元支票，表面上是中心退还其关联公司的房租款，实际是金某利用该公司以支票换现的手段将中心的公款据为己有。前期初查时，该公司相关人员在金某（金某此时尚未被立案）的要求下说了假话，使侦查人员将此笔资金支出放过。金某立案后，司法会计人员根据查账分析出金某在贪污手段上的规律，又重新对此笔资金支出进行分析，并进行针对性查账，认为其涉案的可能性很大，反馈给侦查人员，经重新调查，该公司相关证人均承认前期说了假话，指证此笔支票是金某拿到该公司换取了现金，后金某让该公司开据了假收据到中心财务用于平账。

五、办案效果

"5·08"专案系最高人民检察院、北

京市人民检察院交办的大案要案，案件涉及金额大，犯罪手段复杂，涉及面广，且立案后犯罪嫌疑人张某零口供。司法会计的及时介入，使案件顺利突破，缩小了侦查范围，缩短了侦查时限，并加强了办案力度，深挖了犯罪，此案共移送起诉三件三人。在对张某采取强制措施后，该中心职工及退休干部自发送来锦旗、横匾，表达对检察机关查办案件的支持。专案的如期侦结受到了中心上级国家机关领导的高度赞扬，也受到该中心干部、群众的一致好评。张某涉嫌贪污、受贿案，以及金某涉嫌贪污案，涉嫌犯罪金额均过百万。经终审判决，张某贪污公款1276625.76元，受贿284091元，被判有期徒刑20年。

六、经验总结

我们认为此案的成功在于以下几个方面：

（一）充分发挥涉案单位财务会计人员的作用

此案的办理我们得到了涉案单位财务人员的大力支持，有效地保证了我们对于所有财务会计资料的调取，特别是在案件中涉及大量的复印工作，单位财务人员给予了大力的支持，为我们节省了时间和人力。当然我们对于每一份调取的财务会计资料证据都进行了认真严格的审查。

（二）查账针对性强，并注意根据被查对象的规律及时调整对策

我们认为：初查阶段提供技术协助应注重查找时间、人、事对应的信息，不应盲目扩大查账范围。在此案的办理中，我们根据举报事实锁定时间、人员和事实对应的财务会计资料范围，有针对性地查找。在无法找到确凿证据的情况下，再根据被查对象的规律，及时调整查账策略，协助侦查人员突破。

如最初侦查人员锁定前任财务处长，而我们在翻查相关财务会计资料后得出：现任财务处长存在可疑之处，并发现其经手的可疑资金支出事实，协助侦查人员打开缺口突破案件，相应的侦查方向随之调整，为整个案件的侦结打下基础。

（三）及时向侦查人员反馈沟通查到的相关信息，与其形成联动

在查账过程中发现的可疑资金收支，应及时反馈给侦查人员，同时要了解侦查人员外围调查取证的情况，及时进行汇总，并进行分析判断，为侦查人员确定下一步侦查方向提供信息。此案的办理中我们就是根据查账中获取的信息反馈给侦查人员，再结合他们外调的财务会计资料综合分析，再次反馈给他们，协助侦查人员不断地深挖犯罪。

（四）协助侦查人员对财务会计人员的调查取证

由于此案的被举报人不直接经手资金，并且贪污手段隐蔽，涉及大量对财务会计人员的调查取证，侦查人员担心由于对于专业知识的缺乏在询问财务会计人员证人时，可能会遗漏与案件相关的重要信息，因此每次询问都是要求司法会计人员在场配合。

（五）注意身份独立，保证参与办案过程的客观性

在此案的办理中，我们司法会计人员介入了大量的侦查活动，但是作为技术人员，我们在提供技术支持的活动中始终坚持在侦查人员的主持下开展相关活动，同时，仅提供相关技术支持，不介入其他侦查活动，不擅自采取委托要求范围之外的财务会计资料的调查取证活动。▲

司法会计助阵涉农挪用案件

涉农案件具有较高的社会敏感性，容易引发群体事件。农村财务资金管理较不正规，费用报销不够严格，容易出现窝案、串案，鉴定所需的财务证据资料不容易收集。实事求是，运用灵活的鉴定方法，办好涉农案件的鉴定工作实践，可以考验司法会计的业务素养。本鉴定案件，司法会计人员从案件的具体特点出发，充分理解案件本质要求，制订鉴定方案，灵活采取鉴定技巧。

文 | 福建省漳州市人民检察院　陈永生

一、案情简介

1. 犯罪嫌疑人张某根利用担任漳州市龙文区 A 镇 B 村出纳、书记的职务便利，在协助龙文区人民政府管理该村土地征用赔偿款的过程中，先后十一次单独或分别伙同张某广和张某松挪用土地征用补偿款 1819000 元进行营利活动。

2. 犯罪嫌疑人张某广利用担任漳州市龙文区 A 镇 B 村支委、副书记的职务便利，在协助龙文区人民政府管理该村土地征用赔偿款的过程中，先后五次伙同犯罪嫌疑人张某根挪用土地征用补偿款 990000 元进行营利活动。

3. 犯罪嫌疑人张某松利用担任漳州市龙文区 A 镇 B 村副主任、主任、支委的职务便利，在协助龙文区人民政府管理该村土地征用赔偿款的过程中，先后四次伙同犯罪嫌疑人张某根挪用土地征用补偿款 139000 元进行营利活动。

二、受案原由

2010 年年初，漳州市龙文区人民检察院在查办漳州市龙文区 A 镇 B 村原村支部书记张某明涉嫌受贿犯罪的过程中，发现该村的账户资金流转在 2003 年至 2008 年间存在土地征用赔偿款大量进出及月底取出下月初存入的异常情况。2010 年 2 月，经该院检察长批准进行初查，于 2010 年 5 月对上述 3 个犯罪嫌疑人以涉嫌挪用公款犯罪进行立案侦查。在侦查监督科对该案进行审查采取强制措施时，办案人员认同该案涉嫌挪用犯罪的基本事实，但对挪用款项的资金性质提出异议，认为虽然该案的现金支票摘要写的是支取土地赔偿款，但因该村的财务管理比较混乱，土地征用赔偿款等财务项目与该村财务混合使用，未单独设置核算事项，现有证据未能完全厘清该村财务的收支及结余情况，认定涉嫌挪用公款犯罪尚存争议。该院反贪与侦查监督部门经多次案件讨论，鉴于该案犯罪嫌疑人具有自首情节，且涉嫌犯罪的资金已于案发前归还，决定先采取取保候审强制措施，同时委托我院司法鉴定中心对 B 村的相关土地征用赔偿款、该村财务收支及结余情况进行司法会计鉴定，要求确认犯罪嫌疑人张某根、张某广、张某松涉嫌挪用公款一案涉及的 B 村 2002 年 12 月至 2008 年 12 月的财务收支及结余情况。

三、技术审查

2010 年 7 月 24 日，我院司法鉴定中心接到龙文区人民检察院的委托鉴定后，立即对该案的送检材料进行详细审核。针对送检要求，通过对龙文区 A 镇 B 村 2002 年 12 月至 2008 年 12 月的相关会计总账、明细账、会计报表进行初步审查，发现该村的财务记录中存在一些问题：

1. 财务监管缺失。在相关的会计核算时段，该村的现金库存量达到几十万元、超百万元，甚至是二百多万元的程度，明显超出财务制度规定的合理限额，一定程度上会造成资金监管不能，使侵占犯罪有可乘之机。

2. 账目管理混杂。土地征用赔偿、学校工程与用地赔偿、电力工程及赔青、水库工程、道路工程及土地征用赔偿和山地水利工程等事项未设置专项会计科目，与该村财务收支混合使用同一会计核算科目，从该村现有的 2002 年 12 月至 2008 年 12 月的财务记录资料中，无法从会计报表、总账和财务记账凭证记录的内容里厘清该村集体性质的财务（即该村财务）收支及结余状况。

因此，需要对该村的所有财务记账凭证所附相关原始单据记载的具体事项，结合出纳的现金日记账和银行存款日记账，对上述相关财务事项分别核算，分别计算其收支及结余，从中分析该村财务在各个会计核算时段及相关犯罪实施时段的收支及结余情况，鉴定意见才能符合委托鉴定要求。

四、主要做法

（一）全面核查，确定鉴定计划

农村职务经济犯罪的最大特点是，具体财务核算制度不够严格，执行财务制度更是大打折扣，资金使用较为随意，特别是以白条报支的情况屡禁不止，财务核算的真实性无法全面体现。本案鉴定涉及的会计核算年度前后 7 年，工作量大，采用传统的鉴定方法显然会造成鉴定时间大大拖延。在用了两天时间对送检的 B 村相关财务资料进行全部审阅后，我们决定采用原始的收支核查法，将该村的财务收支事项分为土地征用赔偿、学校工程与用地赔偿、电力工程及赔青、水库工程、道路工程及土地征用赔偿和山地水利工程 6 个大项，其余的收支情况纳入该村财务部分，对 6 个大项涉及的财务事实在摘要内详细注明，再以列表方式分别列示计量。

（二）针对办案实际，按犯罪实施时段分析财务累计数据

根据本案犯罪嫌疑人实施挪用犯罪的时间，我们将该村的财务收支分为 6 个时段进行累计分析，得出的数据分别为：

1. 2002 年 12 月 1 日该村期初余额为346941.13 元。至 2004 年 2 月 20 日，B 村该村财务收支结余 -836945.36 元、土地征用赔偿结余 4646765.50 元。

2. 至 2004 年 6 月 30 日，该村财务收支结余 -869097.30 元、土地征用赔偿结余4965215.50 元。

3. 至 2004 年 9 月 30 日，该村财务收支结余 -931441.32 元、土地征用赔偿结余4964415.50 元。

4. 至 2005 年 6 月 30 日，该村财务收支结余 -1218694.94 元、土地征用赔偿结余 2323744 元。

5. 至 2006 年 8 月 10 日，该村财务收支结余 -1550816.56 元、土地征用赔偿结余 2669383.50 元、电力工程及赔青结余 531292 元。

6. 至 2008 年 12 月 31 日，该村财务收支结余 -1928389.40 元、土地征用赔偿款结余 3994296.74 元（含青苗赔偿款 294507 元）、电力赔青及工程款结余 1460097 元、学校工程收支结余 -729921 元、水库工程结余 -19645 元，道路工程及土地征用赔偿结余 -70827.22 元，山地水利工程款结余 36946 元。

7. 至 2008 年 12 月 31 日，该村财务账上记录的资金结余额为 2054127.82 元。

综合分析以上财务数据，可以看出 B 村的资金来源主要是土地征用赔偿款和电力赔青及工程款两项，而该村财务入不敷出。

五、办案效果

2010 年 8 月，我院司法会计鉴定中心向龙文区人民检察院出具了关于犯罪嫌疑人张某根、张某广、张某松涉嫌挪用公款一案的司法会计鉴定意见书，当面向有关办案人员解释鉴定意见书中相关数据的证据证明效力，得到办案人员的充分理解和一致肯定。鉴定意见书向 3 个犯罪嫌疑人告知后，其对挪用的款项属于国家委托管理的土地赔偿款均再无异议。该案起诉至龙文区人民法院后，法院采信了本鉴定意见书，认定"B 村村委会的财政收入从 2002 年至 2008 年 12 月均入不敷出"。2011 年 7 月，龙文区人民法院对 3 个被告人均以挪用公款犯罪作出有罪判决。案后，有关部门亦对该村的财务状况进行整改。

综上，我院司法鉴定中心出具的该鉴定意见书，对该案认定挪用公款犯罪的犯罪行为指向的公款性质，起到重要作用，做到了办案效果、法律效果和社会效果的高度统一。

六、经验总结

近几年来，随着社会经济的高速发展，许多城镇、重点经济项目周边的农村，一时之间获得大量的土地征迁、国家补助等资金，因农村财务制度的不完善，加上一些乡镇有关部门监管不到位，这些资金成为"香馍馍"、"唐僧肉"。

通过本案及以前办理的许多农村干部贪污、挪用公款案件，我们知道农村一些职务经济犯罪案件较为容易办理，因其作案手段简单，有些更是毫不掩饰，但更多的是在简单的报支票据背后所难以理解的作案手法，比如伪造同一水渠、水沟的维修费用，或虚报沟、渠等工程款等手段侵吞公款。司法会计人员要在办案实践中灵活运用鉴定技巧，出具实用针对的意见书，才能充分展现鉴定权威。

司法会计办理农村的职务经济犯罪案件，应针对农村这些类型犯罪的隐蔽性、复杂性，根据每案不同的犯罪情节和实施手段，制订切实可行的鉴定计划，对鉴定过程中发现的账务问题应提出详细解决方案，督促或协助办案部门及时收集完整的财务证据，不可因调取财务证据困难而迁就办案部门。出具的鉴定意见应针对案件的具体财务问题，做到有的放矢。▲

司法会计鉴定滥用职权案

该案的最大意义在于，股权价值的鉴定可以委托资产评估事务所进行评估，也可以委托司法会计人员进行账面净资产的鉴定，具体采用哪种方法，由侦查人员定夺。但不可否认的是，在刑事案件中，采用资产评估的方法嫌疑人多不认可，很容易出现争议。而根据 2012 年 9 月颁布的《最高人民法院、最高人民检察院关于办理渎职刑事案件适用法律若干问题的解释（一）》第 8 条规定，此案司法会计人员采用净资产账面价值的鉴定，完全符合办案需要，也为以后司法会计人员在办案中遇到此类问题的鉴定提供了好的思路。

文 | 最高人民检察院技术信息研究中心　　　候新霞
　　　北京市人民检察院　　　王秋平　朱红

一、简要案情

刘某，某部原部级干部，于 2012 年 11 月 4 日被移送司法机关。经查，刘某在任职期间，违反规定，徇私舞弊，为丁某及其与亲属实际控制的公司获得铁路货物运输计划、获取经营动车组轮对项目公司的股权、运作铁路建设工程项目中标、解决企业经营资金困难等事项提供帮助，使丁某及其亲属获得巨额经济利益，致使公共财产、国家和人民利益遭受特别重大损失。

二、案件特点及司法会计在案件办理中发挥的作用

2013 年 1 月 10 日最高人民检察院渎职侵权检察厅委托最高人民检察院司法鉴定中心对刘某滥用职权涉及的财务会计问题进行鉴定。

委托方初步提出的委托要求是：计算犯罪嫌疑人丁某控股的动车组轮对项目公司立案时和立案侦查终结时两个时点的公司股权

价值。据专案组负责同志介绍，他们最开始找到国内最著名的资产评估事务所专家，召开了专家研讨会，评估专家介绍按国际惯例，要采用资产评估方法中的收益法进行评估，方法是将涉案公司未来五年每年的收益先进行预估，再折算成现值，得出涉案公司股权价值的评估结果。但根据 2012 年 9 月颁布的《最高人民法院、最高人民检察院关于办理渎职刑事案件适用法律若干问题的解释（一）》第 8 条，渎职犯罪造成的"经济损失"是指渎职犯罪或者与渎职犯罪相关联的犯罪立案时已经实际造成的财产损失，包括为挽回渎职犯罪所造成损失而支付的各种开支、费用等。立案后至提起公诉前持续发生的经济损失，应一并计入渎职犯罪造成的经济损失。采用预估未来五年收益的做法计算涉案公司股权价值，显然不符合该法律解释的规定；并且侦查人员指出，根据他们多年的办案经验，采用评估的方法计算价值，嫌疑人异议

很大，在法庭上也不能被采信，评估的方法走不通，所以转而求助司法会计。

此案具有如下特点：1.案情复杂，数额巨大，涉及国家部级领导干部，受社会广泛关注。2.时间紧、任务重，委托方起诉期限逼近，要求我们在最短时间出具鉴定意见。3.涉及财务会计问题复杂。此案承办人委托要求计算公司股权价值，一方面涉及采取何种方法鉴定价值，另一方面涉及如进行股权价值鉴定需要补充调取大量检材。

三、司法会计人员开展的主要工作

（一）全力以赴为案件办理提供高效技术服务

最高人民检察院司法鉴定中心领导高度重视此案，指示司法会计人员克服一切困难高质高效完成鉴定任务。由于案件即将侦查终结，移送起诉，最高人民检察院渎职侵权检察厅领导要求较短时间内必须拿到报告。

但由于此案案情复杂，数额巨大，了解案情需要时间，且该案涉及鉴定的检材需要司法会计人员协助办案人员到外地调取。为了完成任务，司法会计鉴定人员受理委托后，迅速与承办人进行深入沟通，分析案情，讨论对策，运用过硬的业务技术快速制定司法会计对策，并出具两份检验鉴定文书，最终在委托方预定的时间内解决问题，使案件顺利移送起诉。

（二）为办案人员确定委托鉴定对象、内容和范围提供关键技术支持

案件的承办人委托目的是想要鉴定人对犯罪嫌疑人滥用职权给国家造成的经济损失进行鉴定。办案人员起初要求对动车组轮对项目公司价值进行鉴定。我们经过分析案情后提出将该公司的母公司也纳入鉴定范围。因为本案中嫌疑人丁某获取的动车机组轮对项目公司的股权，是通过对母公司控股，再由母公司对子公司控股实现的。根据侦查人

员提出的鉴定目的，司法会计人员可以按照财务会计资料反映的净资产账面价值鉴定。我们的理由是，净资产账面价值是已经发生的财务事实按照相关会计准则、会计制度进行会计核算的结果，其金额建立在现有客观存在的财务会计资料基础上的，采用评估方式来鉴定公司价值主管因素较多，含有比较、选择或预测的因素，我们的意见提出后被委托方采纳。

（三）为办案人员调取全面完整的财务会计资料证据提供有力技术协助

由于该案前期主要侦查的是受贿资金流转情况，对于经济损失涉及的相关财务会计资料证据几乎没有调取，并且承办人对于调取财务会计资料的范围也不清楚，需要司法会计人员为办案人员异地调取证据提供技术协助。我们受理案件后，通过与办案人员充分的沟通，充分了解两家公司的情况，确定了司法会计对策，在出差前制订了调取财务会计资料的范围及现场对办案人员配合的方案。由于工作安排靠前，到达两家公司后，我们现场配合办案人员与公司财务负责人进行沟通，在短短两天内调齐鉴定所需的所有财务会计资料，为后期的鉴定及时完成争取了时间。在调取检材的过程中，一方面我们配合办案人员指挥该公司财务人员提供所有的财务会计资料证据，另一方面现场对材料进行认真的核对，并通过核对发现了公司财务会计资料中的错误，由承办人交公司进行了及时更正，保证了财务会计资料证据的准确性。如果不具备过硬的专业技术水平，技术人员是无法在如此短的时间内完成这些任务的。

（四）为案件顺利移送起诉提供科学客观的证据

该案涉及财务会计问题复杂，案件涉及的经济犯罪问题，是通过间接持干股的方式，涉及两家公司，行贿人通过将行贿款打入母公司（以下简称 A 公司）使受贿人持有 A 公司 60% 的股权，同时通过母公司对子公司（即实际生产机组轮对项目的 B 公司）75% 的持股达到实际对该公司控股。通过对母公司和子公司财务会计资料的检验、分析、鉴别，我们认真制定了司法会计对策。A 公司是母公司，经现场询问，我们了解到他们编制了合并会计报表。从公司的角度，编制合并会计报表是根据会计实质重于形式的原则，为反映和传递在共同管理控制下的公司集团的总括情况，即综合反映该集团母公司及子公司的经营成果和财务状况，满足报表使用者对于特定经济实体而非法律实体的财务信息的需求。合并会计分录并不形成真正意义的会计凭证，是根据会计准则编制的调整分录，目的是要抵销母子公司之间的内部交易对母子公司合并报表数据的影响，在调取的会计凭证中并没有，如果要会计人员提供当时编制的合并分录，那么我们既要考虑合并分录编制的正确性，还要核实对应的原始凭证。如果有错则要修改合并报表数据，将会导致拖延时间。另外嫌疑人在母公司持股情况及母公司在子公司持股比例是由之前委托的其他鉴定人完成的，我们并没有这方面的检材。在这种情况下，为了保证检验鉴定的科学客观，我们决定分别检验鉴定母公司净资产和子公司未分配利润，再把持股比例作为委托方的要求提出来，按照委托方提供的嫌疑人持股比例计算相应金额。我们把用这种方法计算出来的结果与依据 A 公司编制的合并报表数据计算结果比较，二者完全一致，这也间接印证了我们的计算结果。

四、办案效果

在该案的办理中，司法会计技术人员为侦查办案提供了有力技术支持，并为案件数额的准确认定提供了科学客观的证据，真正体现了技术与侦查的有效配合，形成打击合力，最终使该案顺利移送起诉，并被法院采信。此案社会影响力大，社会反响强烈。2013 年上半年北京市第二中级人民法院对刘某受贿、滥用职权案依法开庭审判，我们的鉴定意见被法庭全部采纳，2013 年 7 月 8 日法院对该案作出一审宣判，对刘某以受贿罪判处死刑，缓期 2 年执行，剥夺政治权利终身，并处没收个人全部财产；以滥用职权罪判处有期徒刑 10 年。数罪并罚，决定执行死刑，缓期 2 年执行，剥夺政治权利终身，并处没收个人全部财产。最高人民检察院渎职侵权检察厅负责人对于司法会计鉴定人员在此案中发挥的作用给予高度赞扬。

推荐理由

该案的最大意义在于，股权价值的鉴定可以委托资产评估事务所进行评估，也可以委托司法会计人员进行账面净资产的鉴定，具体采用哪种方法，由侦查人员定夺。但不可否认的是，在刑事案件中，采用资产评估的方法嫌疑人多不认可，很容易出现争议。而根据 2012 年 9 月颁布的《最高人民法院、最高人民检察院关于办理渎职刑事案件适用法律若干问题的解释（一）》第 8 条规定，此案司法会计人员采用净资产账面价值的鉴定，符合办案需要，也为以后司法会计人员在办案中遇到此类问题的鉴定提供了好的思路。▲

"6·24" 专案中几个司法会计问题的处理

本案案情复杂，账务处理疑难复杂，工作量巨大，司法会计人员对于运用专业技术解决案件办理中重大疑难会计问题的过程介绍得非常清楚，办案效果明显，经验总结非常到位，体现了司法会计人员对关于司法会计检验鉴定过程中如何进行质量控制、如何把握工作深度、如何最大限度满足办案需求等多方面的深入思考。

文 | 河南省人民检察院　　李公

一、案情简介

1.2006 年 4 月至 6 月，W 铁路局原局长宋某某和某铁路局 A 建筑工程公司原经理姚某某、孙某某，为谋求宋某某升迁，共同商定将 A 公司在北京购买的四合院房产一套送与他人。姚某某、孙某某采用虚列兰新线第五、六次提速工程成本 2400 万元冲抵四合院的方法将四合院从 A 公司固定资产账中列销，并由宋某某将四合院送给他人。

2.2006 年 4 月，姚某某和在 A 公司分包工程的陈某某商议个人合伙干工程。2006 年 6 月至 2007 年 4 月，二人借套取四合院之机，采用提高兰新线第五、六次提速工程价款的方式，套取 A 公司公款 2525 万余元，打入以陈某某名字注册的、姚某某控制的新疆 B 公司据为己有。

二、受案原由

"6·24" 专案由河南省人民检察院郑州铁路运输分院承办。因专案组遇到了大量会计专业问题不能解决，办案工作一时难以进展。2008 年 8 月向河南省人民检察院技术处请求提供司法会计技术支援并初步提出了司法会计鉴定请求。河南省人民检察院技术处司法会计随即加入专案组。

三、技术问题

（一）确定套取工程资金的支付业务

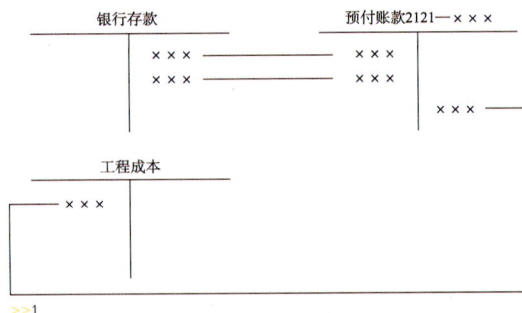

>>1

在本案中具体实施犯罪行为的姚某某拒绝配合办案。其他犯罪嫌疑人和证人提供的供述和证言表明：套取 W 铁局 A 公司 2400 万元和 2525 万元是通过虚增陈某某和任某某两个包工队承揽工程的人工费用完成的。A 公司与各个包工队之间的结算方法是：施工队先进驻施工，A 公司在施工期间向施工队预支一些工人生活费。待工程完工并验收后再进行清算，将预支的生活费从应付包工队的工费中扣除。公司会计部门按包工队在预付账款总分类账户下设置二级账户用于核算与包工队的工程款。当预支给包工队工人生活费时，借记预付账款—某施工队。工程完成或年底验工后，根据验工资料结转工程成本，借：工程成本；贷：预付账款。照此方法预付账款科目的借方余额表示支付给施工队未清算的生活费，贷方余额表示应付未付给施工队的完工工程款。

鉴定过程中发现，预付账款账户的借方记录的并不只是预付给包工队的生活费和工程款，还有其他的款项。如：代公司购置账外汽车和工程设备的款；代公司为其他包工队购买燃油的款等。贷方也都是结转第五、六次提速工程的成本。

支付第五、六次提速工程款的金额是基础数据，司法会计必须把这个金额算准。

（二）确定共同犯罪开始的时间

要证明虚增 2400 万元和 2525 万元工程成本，需将工程支付总额和评估金额比较，多出的金额就是虚增的金额。确定工程支付总额面临的又一问题是：开始计算的时间不确定。

由于相关人员对共同犯罪共谋的时间记忆不清晰，存在矛盾，两起犯罪开始的时间没有确定。导致工程支付总额也不能确定，虚增的数额也就不能确定。

确定共同贪污开始时间点还关系到 W 铁局与包工队之间的巨大经济利益。如果共同贪污的时间确定得靠前，贪污的金额就会大，未结算的工程款就会多，W 铁路局要多向包工队结算支付未结的工程款。这对于已遭受巨大经济损失的 W 铁路局来说是难以接受的。如果共同贪污的时间确定得靠后，贪污的金额就会少，未结算的工程款也会少。包工队就可能不接受。在姚某某不配合办案的情况下，陈某某、任某某二人是本案的两个重要证据来源。这二人若不配合，对案件的办理将是灾难性的。

（三）关于贪污 2400 万元、2525 万元在会计处理上是否列入第五、六次提速工程成本的问题

在司法会计鉴定完成前，专案侦查组对两起事实的认识是：贪污采用的是虚增 W 铁局第五、六次提速工程成本的手段。会计账上的处理应该是：1.计提工程成本，借：工程成本（第五、六次提速工程成本）；贷：预付账款；2.支付资金或冲销固定资产，借：预付账款；贷：银行存款（或固定资产清理）。

虚列 2400 万元成本贪污四合院一起事实的账务处理是：四合院被从固定资产账户转入固定资产清理账户。清理收入由两大块组成，一块是 1800 万元，借：预付账款——石油 B 公司（六次提速）（2121-9）；贷：固定资产清理，冲销预付账款账户结存的贷方余额，同时结转工程成本将未冲销的借方余额全部转入第八次提速工程成本；一块是 5568547.14 元，转入"内部往来——W 项目部"账户由 W 项目部处理。

转入 2121-9 账户的清理收入有 13938817.45 元冲销了该账户滚存的贷方余额。那么这个贷方余额的来源是什么？是怎么产生的？四合院是通过什么手段获取的？2400 万元是虚增工程成本获取的，还是其他手段获取的？这些问题就不能不说清楚。如

果有很大一部分金额不是通过虚列第五、六次工程成本获取的，就会与共谋贪污的其他证据出现矛盾；就需要侦查人员进一步完善证据。所以，必须追溯 2121-9 账户贷方余额的来源。

转给 W 项目部处理的 5568547.14 元在 W 项目部 2121-7-1[往来款（四队）] 账户中与贷方余额冲销，也存在追溯的必要。

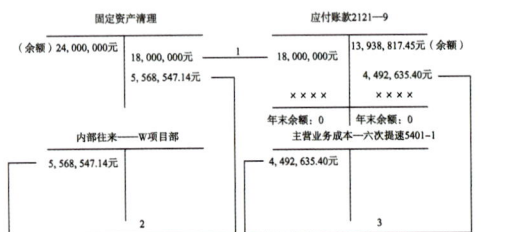

>>2

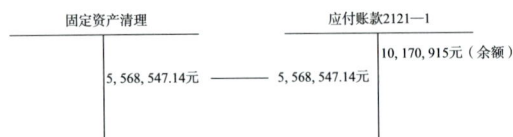

>>3

在追溯过程中发现，两个账户建立时间很长且贷方发生额中都有其他来源存在。也就是说冲销 13938817.45 元和 5568547.14 元的贷方余额很可能含有其他成分，不是纯净的提速工程成本。辨明 A 公司 2121-9 账户和 W 项目部 2121-7-1 账户贷方余额的组成就成为鉴定工作中的一项重要任务和课题。

（四）贪污 13545780.46 元是否能认定

贪污 2525 万元工程款采用的具体做法是：将资金以工程款的名义支付给陈，并计入往来账户。然后，再转入第五、六次提速工程成本。这个做法是姚某某、陈某某二人设想的。

司法会计发现实际情况不完全是这样。2525 万元资金 A 公司处理 10440000 元，W 项目部处理 14911500 元。在 W 项目部有 13545780.46 元的资金没有列入成本，而是直接冲减了利润。

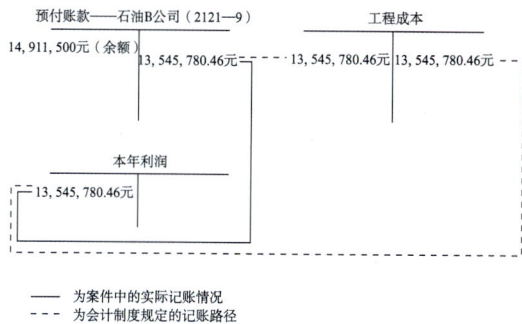

预付账款——石油B公司（2121—9）　　　　工程成本

14,911,500元（余额）　13,545,780.46元 ┄┄┄ 13,545,780.46元 │ 13,545,780.46元 ┄┄┄

本年利润

13,545,780.46元

—— 为案件中的实际记账情况
┄┄ 为会计制度规定的记账路径
>>4

处理这笔业务的会计张某解释：2006 年年底预付账款——工程四队——六次提速（1151-5-1）明细账借方 13545780.46 元已付资金挂账。铁路局会计核算要求每年支付的工程款年终结账后，相关往来账户必须结平。但是，项目部一直不出验工手续，使她不能结平该账户。几次催办后，公司经理姚某某（同时负责 W 项目部）仍不给她验工手续。W 项目部会计部门无法结账并编制年度决算。这将影响到 A 公司也无法编制年度决算。还会逐级影响到 W 铁路局编制决算。在上级的不断催促下，张某无奈，只好绕过成本账户直接冲了利润。

司法会计发现这个问题后，侦查人员也就此事进行了调查，制作了笔录，但并没有对此问题给予足够的重视。到了审查起诉结束的后期，姚某某突然提出：对张某擅自冲减利润 13545780.46 元的行为，姚某某本人不负责。因为，姚某某既没有为此笔会计处理制作验工报告，也不知道冲减利润的事情。

公诉人员马上意识到：虽然资金已经支付出去，在会计账上销账的步骤却不是姚某某实施的，就不能认定姚某某贪污。认定张某贪污也不成立，因为她没有得到钱。认定三人共同贪污，也不成立，因为没有共谋。如果不成立，"6·24"专案认定贪污的数额就要少一大块，对案件影响巨大。在多方努力无果的情况下，公诉人向司法会计寻求解决问题的良策。

四、主要做法

1. 第一个技术问题涉及业务 300 多笔。我们派司法会计与 A 公司和 W 项目部的两名会计背对背地核对账目。利用会计原理逐笔分析、弄清业务内容和来龙去脉。然后，预审人员制作讯问笔录，固定对账落实的内容。重要的业务和经对账仍存在疑问的业务，由侦查人员进一步外调取证，直至查清。分别根据与对账的结果制作的明细表。此外每笔业务都与陈某某、任某某核对，均无疑义后，方确认。通过认真细致的工作在查清并固定了每笔业务证据后，由计算出实际支付的总金额 1.24 亿元。

2. 解决第二个技术问题，我们本着客观、公正的原则结合以下三个方面开展工作：

（1）以解决第一个问题时司法会计与当事会计对账的结果为基础分析解决第二个问题。

（2）结合侦查人员取得的材料和侦查工作进展情况。

（3）结合贪污 2400 万元和 2525 万元的证据综合判断结果的合理性。

司法会计随着案件的进展，证据材料的变化以及侦查、证明思路的调整先后为解决第二个技术问题，写出了六份报告。最终确定了正确的犯罪共谋时间，算出了客观、正确、合理的数额。

3. 解决第三个技术问题采用细分明细账的方法。

以预付账款——石油 B 公司账户为例：在基本了解提速工程的具体业务后，先查账弄清贷方发生额的来源项目。再在合理年度内的借方发生额中找出与贷方发生额所属项目一致的业务。然后，将借贷方同项目的发生额相冲，得出此项目的余额情况。将原来的二级明细账户细分成多个三级明细账。解决了案件中账户余额是否来源于第五、六次提速工程成本的问题。

4.为解决第四个问题，司法会计提出三点意见。

（1）《会计法》第4条规定："单位负责人对本单位的会计工作和会计资料的真实性、完整性负责。"姚某某身为A公司的总经理和W项目部的负责人应对13545780.46元的会计处理负责。

（2）W项目部2006年会计账反映，当年利润为-1845811.00元。如果不用13545780.46元冲减利润，其年利润应为11699969.46元。利润从巨盈变成巨亏，这样的财务结果姚某某不可能不知道。根据会计制度，姚某某作为负责人应审阅财务决算报告并签字。建议公诉人调取W项目部当年财务决算报告。结合会计张某多次催其办理13545780.46元工程款会计资料的事实，就有充分的理由相信姚某某必然知道13545780.46元已被冲销。

（3）作为一个单位的领导明知下属的行为会帮助其实现贪污的结果，而希望这种结果发生，采取故意放任的态度。结合其他证据，在这件事上姚某某主观上有故意，客观上有事实，从而认定姚某某贪污13545780.46元工程款。

五、办案效果

查清了第五、六次提速支付给陈某某、任某某二包工队的工程款总额为1.24亿元和各工段的支付金额及结算情况。为进一步确定虚列成本总额提供了条件。为解决专案中的其他相关问题打下了坚实的基础。

准确地确定了两起共同犯罪共谋的时间。为正确计算第五、六次提速工程支付给陈某某、任某某二包工队的工程款总额确定了重要的支撑条件。各方对以此时间而得出的涉及工程款结算结果的鉴定结论都表示接受。陈某某、任某某二人在之后的诉讼程序中较好地配合了办案。

通过细分账户的方法查清了：2400万元和2525万元两起主要贪污的资金来源主要是第五、六次提速工程的成本，很少量是沉淀的债权结余。在司法会计鉴定书中揭示了以上事实，使案件办理做到事实清楚。

司法会计提供的三点意见成为专案组决定以2525万元全额起诉的重要理由。在法庭辩论中，公诉人凭借这三点理由，结合有姚某某签字的财务决算报告等其他证据有力地驳斥了姚某某为自己对13545780.46元没有责任的辩解，圆满地完成了公诉任务。法院的判决全额认定了贪污2525万元公款的指控。

六、经验总结

在完成重大、疑难、复杂、工作量巨大的司法会计鉴定工作时，一定要做到认真、细致，不能因鉴定工作量大而降低工作标准。本案中，司法会计鉴定工作要对W铁路局和A公司第一、五、六次提速工程进行鉴定。会计账册、凭证放满了四间屋子。为司法会计鉴定提取复印的会计资料近2万张。出据的司法会计鉴定书达24万字。面对浩繁的鉴定资料我们没有减化工作程序，没有降低工作标准。三次铁路提速工程的所有业务都与包工头、会计对账，每笔业务都要核对一致。不一致的业务经进一步调查、当事人之间意见反馈、综合分析终使各方意见达成一致。

尽管鉴定涉及的会计业务非常多，但细致的工作使司法会计对每笔业务都有印象。

为之后的工作打下了很好的基础，保证了司法会计鉴定工作的质量。

工作中要保持公正、客观、科学的心态，要以保证办案质量为前提。

"6·24"专案在铁路系统有着很大的社会影响。我们没因此在办案中产生左的思想，而是更加公正、客观、谨慎地对待每一起事实和每一笔业务。如：确定共同贪污2400万元和2525万元共谋时间；确定计算第五、六次提速工程与陈某某、任某某支付、结算金额的问题。要以公正、科学的态度处理争议和技术、法律难题，不盲目追求办案的数量。在此专案中，司法会计以科学的态度运用专业知识，排除了对四起约700万元以贪污罪名立案的要求。使既是犯罪疑嫌人，又是主要证人的陈某某、任某某二人对检察机关办案的公正性信服，保证了专案中主要犯罪指控的诉讼。

七、司法会计要做好会计和诉讼的桥梁

司法会计是运用会计专业知识解决诉讼中专门问题的一项工作。要将会计活动、会计理论用通俗的道理讲出来。要找准与诉讼工作的结合点，满足办案需要。如司法会计用了很大的精力在鉴定书中揭示了2400万元和2525万元的来源，解决贪污什么钱的问题，使办案结果做到了事实清楚。为公诉解决第四个问题提供三点意见，使指控理由充分。

对第四个技术问题的处理，又给我们一个启示。司法会计不仅要保证把鉴定书出好，还要努力让鉴定书能被用好。为侦查、公诉人员讲解鉴定书和鉴定结论，使其正确把握鉴定结论的真证内涵；为其解决出据鉴定书后出现的与鉴定、专业技术有关的诉讼中的问题是做好司法会计工作的更高要求。鉴定书被正确使用，案件得到公正处理，司法会计鉴定的价值才能得以体现。▲

深挖教育蛀虫　保障社会安宁

司法会计在对当地较大的资产评估事务出具的资产评估报告进行技术性审查后，发现很多项目评估价偏高，且有明显的重复评估嫌疑，遂立即到实地进行比对勘查，并对原部分老教师进行调查了解两学校原貌的同时，协助侦查人员突击对评估人员、工程预（决）算编制人员等相关人员进行调查询问，最终发现了犯罪嫌疑人利用民办公助学校腾退国有校舍所涉相关清算补偿之机，虚编工程项目和虚增工程量，虚增评估后资产的事实，起到了很好的办案效果。

文 | 江西省赣州市章贡区人民检察院　　杨志华

一、案情简介

2008 年 10 月，章贡区人民检察院在查处赣州市章贡区教育局原局长陈某某涉嫌受贿案中，发现民办公助的章贡区厚德中学、厚德实验小学董事长徐某有行贿嫌疑，除该项嫌疑外，侦查人员怀疑该董事长在两所学校办学过程中，尚存在其他情况，但由于对方系赣州市颇有名气的人物，且强突之下并无收获，一时陷入两难境地。

二、受案原由

随着章贡区教育局局长陈某某被查处，赣州市另一所知名小学校长也相继落马，社会上议论纷纷，由于我院办案人员曾多次找过徐某谈话，效果甚微，侦查压力也越来越大，在此情况下，受检察长指派，对原民办公助的赣州市章贡区厚德中学、厚德实验小学 2002 年至 2007 年办学期间的财务账项进行司法会计检查。

三、技术审查

1. 经审查，厚德中学、厚德实验小学从 2002 年起改为民办公助学校（注：原为公办学校，房屋建筑等固定实施仍系国有资产），但直到 2007 年元月才开始补建账，建账存在突然性，建账后，再根据有关经济事项发生的时间，相应的编入 2002 年、2003 年、2004 年、2005 年、2006 年、2007 年建立不同年份的相关账目。

2. 经审查各年度账目，明显反映其日常经济往来基本通过现金或存折进行收付核算，大部分核算单据为支付证明单、白条，实收资本的进入是以开支票据作为投入记账，收支方面的真实性不足；每年账面均反映亏损；幼儿园的教师工资放在小学做支出核算，账面没有反映借款，却出现还款利息数十万元的情况，大量白条进入实收资本、固定资产科目核算；园林绿化、部分基建维修项目，在金蝶财务软件中发现多次改账情况，送检

账簿的打印时间为 2008 年 5 月 24 日凌晨 1~2 点。综上，司法会计提出了两点意见：（1）该两所学校账面存在明显加大成本从而达到增加亏损的目的。（2）该两所学校账面存在明显虚增实收资本及固定资产，从而欲达到政府对其资产评估的增值。

3. 根据上述审查的分析，经向检察长汇报后，受指派调取这两所学校的评估报告，评估报告由赣州市名气较大的信中浩联合资产评估事务所评估，评估报告日期为 2008 年 9 月 12 日，经审查：厚德中学 9 个大项目评估值 2327391.52 元、厚德实验小学 8 个大项目评估值 1570158.62 元（因房屋建筑物系国有，该评估事项主要是维修、改造及部分设备的投入），其评估依据采取现场勘查并结合工程结算单、部分票据，并根据目前市面行情进行评估。

4. 因民办公助学校与教育局订有协议，每年需向教育局上交管理费等费用，而该两所学校 5 年来从未上交过管理费，

累计欠缴 4681142 元，现不动产评估值为：3897550.14 元，另学校上交区政府并认定教学楼 1 栋价值：1500000 元，合计：5397550.14 元，减去累计欠缴款后，政府反而欠徐某经营两所学校期间 716408.14 元，并于 2008 年 10 月下达政府抄告单，明确章贡区政府欠徐某 716408.14 元，并要求下一年度区财政安排预算，还清欠款。

5. 司法会计调取到上述两份评估报告后，立刻进行了审查，两份评估报告选用的价值类型系市场价值类型，对园林绿化项目采用市场化进行评估，对教学设备及建筑物、构筑物等采用成本法进行评估，并结合实地勘查，市场调查与询征方法，评估方法、过程似乎很完善，最后得出评估结果，涉及具体细项有上千个之多。但司法会计看完整个评估报告书的附件后立刻产生了极大的疑问，很多项目评估价偏高，且有明显的重复评估嫌疑，遂立即到实地进行比对勘查，并对原部分老教师进行调查了解两学校原貌的同时，

突击对评估人员、工程预（决）算编制人员、两所学校会计、部分施工人员及董事长徐某调查询问，最终确认厚德中学、厚德实验小学董事长徐某利用区属民办公助学校腾退国有校舍所涉相关清算补偿之机，找人编制了多份各种维修、改造工程项目的预（决）算，并到相关有资质的建筑公司加盖印章后，送教育局审查，作为评估事务所评估的主要依据，进行评估。其中，虚编工程项目62个、虚增工程量项目52个，合计114个项目，虚增评估后资产733558.01元，不仅国家财政无需对两所学校进行补偿，徐某尚需向国家有关部门补交17149.87元欠款。

四、主要做法

1.警觉性强、查账时有较强的责任意识。在侦查人员对嫌疑人的调查陷入两难境地，同时面临教育系统多方压力、质疑下，司法会计及时介入对上述两所学校的财务运行情况进行审查、调查。由于两所学校办学无须缴纳税收，因此起初未设账，而突然建账显然有其特殊的目的，司法会计根据账面原始票据的反映、财务软件对某几大财务事项多次改账、凌晨2点打印2007年账簿等反常规财务处理方式，大胆推断出有人想通过技术处理，快速虚增固定资产投资，从而达到政府对其资产评估增值，骗取国家补偿金的动机。

2.领导重视，打破常规办案方式：当院领导听取了司法会计汇报查账情况后，当机立断，授权司法会计协助侦查人员全面负责追查下去，即司法会计协助侦查。这一做法的改变使得该案由停滞不前的两难境地从而在短时间内取得了重大成果。

3.检案、办案细致：从审查账簿入手，根据其做账的特点、手法、做账的时间、方式、

立刻形成正确的判断，同时采取实地勘查，不放过评估报告的每一处疑点；大量调取老教职员工对该两所学校原貌的回顾（因原教育局移给私人办学时没有详细的移交清单，也没有实拍图片、录像），从而确认评估报告中许多项目显然有重报，甚至根本不存在的虚报。同时，对评估单价根据其项目特点及所要求维修资质等从本地市场行情入手，综合评判每一个细项的单价，剔除了大量的多报高评单价情况，从整体上还原事情的真相，嫌疑人徐某对此不得不心服口服。

五、办案效果

由于赣州市辖19个县市区，而章贡区是中心城区，查处教育局局长及一知名校长后，社会上反响巨大，议论纷纷。既有极少数教职人员来检察机关主动承认问题，也有个人私自出逃的情况。针对这些情况，打击个别，保护多数，尽快查清各种问题的大方向上，在实施中的时间要求上甚为紧迫。本案从查账起至审查评估报告、询问各类预（决）算编制人员、评估人员、教育局相关领导干部、两所学校部分教职员工、各项施工维修人员、采购人员及实地勘查上千个小项目到最终完成仅20天时间，较好地打击了打着办学名义，实际却利用一切手段侵吞、骗取国有资产的教育商人，得到了该两所学校原有教职员工的好评及区领导的称赞，在教育界树立了检察系统好的良好形象，同时直接为区财政挽回经济损失70余万元。办理此案之时，区财政尚未安排预算拨付补偿款，因此，政府的形象也得到了较好的维护，消除了以后可能出现的负面影响。

六、经验总结

1.章贡区院司法会计在10多年间曾参与

了不少国有企业改制过程中出现的侵吞国有资产的案件，而这次在教育界出现的情况尚属首次。2002 年，教育主管部门在移给私人办学时，对办学申请人的资历审查相对薄弱，资历要求较低，该两所学校的主要投资人仅高中毕业，办过幼儿园，并没有从事过教学工作，也没有教师资格证，却能在众多投标人中脱颖而出，其过程、结果、办学动机有令人责疑之处。

2.作为一名司法会计，不能仅仅局限于某一行业或某一领域的财务知识，它要面对的是经济领域中的各种犯罪活动，而知识面的拓展显然非常必要。该检案之所以快速办理成功，主要是：（1）掌握了电算化会计记账的基本特点，并运用这些特点为查案服务，该两所学校账面并没有明确涉及评估事宜，但司法会计从记账的时间、方式敏感地折射出账面处理存在为评估而做的紧急准备，并且在评估中有可能出现虚增的情况。（2）对园林绿化、土建工程造价、各类维修、建筑材料价格、网络建设项目、人员工资等在当地的行情比较了解，多年来参加专案，积累了大量的经验，成为检案办案成功的重要因素。（3）领导信任，机制灵活。在绝大多数办案中，司法会计作为侦查办案的一支辅助力量往往处于幕后，在很多案件中起了重要作用，但却不显张扬。实际上，在小型贪污、挪用案实践中，司法会计一旦查出账项疑点，多数交给办案人员处理，但办案人员对整个账项处理经常吃得不透，财务知识、经验不如被询（讯）问人，往往错失良机，而由查账人员协助侦查人员进行询（讯）问，反而经常得到出其不意的效果。

3.十年树木，百年树人。教育界虽是育人德、智、体全面发展的土壤，却也不可避免滋养着破坏教育形象的硕鼠。本检案中，教育主管部门在移给私人经营办学过程中，若有详细的清单、价值标准、真实全面的图片、影像资料，在民办公助学校腾退国有清算时，先由教育主管们组织人员核查清楚后，再移给社会中介评估，就可最大限度地避免类似骗取国家资金事情的发生。▲

司法会计鉴定破解国家土地出让金案

该案的成功办理，司法会计发挥了重要的职能作用。一是司法会计的介入，找出了案件的突破口。二是司法会计通过严审细查财务会计资料，从真假混杂的原始凭证中进行层层梳理，利用专业知识出具科学客观的鉴定意见，对陈某诈骗数额的认定起到了关键作用。三是鉴定意见将为案件的进一步诉讼提供强有力的技术支撑。

文 | 内蒙古自治区人民检察院　　王春艳

一、简要案情

犯罪嫌疑人陈某，原系某房地产开发有限公司主要负责人。在取得土地使用权过程中，为了达到少缴土地出让金的目的，2009年4月陈某指使公司财务总监郭某某、工作人员翟某等人虚构了189份假冒被征地农民签名的补偿协议和现金收款单，以虚假前期成本投入8417万元冲抵了应交的一部分土地出让金。相关土地管理部门在审核过程中滥用职权，未对申报材料进行严格审查。该案件依法由内蒙古自治区人民检察院反渎局立案侦查。本案中涉及三块用地，为表述清晰，现分别记为A号、B号、C号地。在A号地中，虚构了41户被征地农民领取地上物补偿款1028.348万元；虚构了5户虚假迁坟补偿费3.5万元；虚构了10户地上房屋拆迁补偿费166.01万元；虚构了拟为被征地农民建设190套住宅的支出2337.81万元作为征地补偿费；在B号、C号地中，虚构了133户被征地农民领取地上物补偿款4948.216万元。

二、案件特点

本案犯罪嫌疑人陈某原为县处级领导干部，采用虚假申报地上物补偿款的手段，骗取国家土地出让金8483万元，涉案数额巨大，涉案人员众多，社会危害性较大，给国家造成重大损失。

三、技术手段在案件办理中发挥的作用

（一）深挖细查案件线索，为办案提供侦查方向

为有效发现固定证据，立案后，办案部门将此案的相关财务会计资料及时委托技术部门进行审查、鉴别。自治区院司法会计鉴定人员在认真听取案情，明确送检要求的基础上，对送检检材进行了细致的审查。通过审查发现，财务账簿中有120多万元的地上物补偿协议和现金领款单未向领取人核实，司法会计鉴定人员充分利用自身专业知识，

列出详细的领取清单，指导办案人员及时对相关财务资料的真实性进行核实，证明了该笔资金确为虚假支出。

该公司设立两套账簿，一套是日常业务以及资金往来的账簿，另一套是备查账簿，用来记载公司支付融资利息、业务协调等相关费用。司法会计鉴定人员通过详细检查备查账簿中的一些白条记录，发现了陈某向某些领导行贿的线索，进一步挖出了某厅局级领导的受贿案。

（二）发挥司法会计不可替代作用，通过检验鉴定，为认定陈某涉嫌诈骗数额提供依据

接受委托后，通过审阅案卷及相关账簿材料，司法会计鉴定人员发现陈某公司于2009年6月向呼和浩特市土地管理部门申报了前期成本投入21107万元（A号地前期成本投入5479万元，B号、C号地前期成本投入15628万元）。呼和浩特市土地管理部门认定17915万元（呼和浩特市土地管理部门在审核时剔除了3191万元）用于冲抵应向国家交纳的土地出让金。通过司法会计鉴定人员进一步审查发现。在土地管理部门认定的17915万元中，存在虚假前期成本投入，经与办案部门协商，明确了"确认陈某多抵顶土地出让金的数额的鉴定要求"。

司法会计鉴定人员严格按照法律规定和会计核算要求，认真梳理每一笔记账凭证和原始单据，并与办案人员密切配合，对上述凭证和单据进行逐一核实。发现了陈某公司被认定的17915万元中，有7551万元是公司真实发生的前期成本投入，有1770万元是在核准后支付的，有110万元是挂账欠款，有8484万元是陈某公司以伪造补偿协议和现金收款单等手段虚假申报的前期成本投入。

通过审查进一步发现在陈某公司被认定的17915万元之外，另有67万元补偿、测绘费用是陈某公司真实前期成本投入，但未申报。司法会计鉴定人员在计算陈某公司在虚假抵顶土地出让金时将这67万元予以扣除。最终确认陈某公司虚假抵顶土地出让金的数额为8417万元。作为办案部门认定陈某涉嫌诈骗的数额。

四、办案效果

在本案办理工作中，司法会计充分发挥专业优势，发挥了积极的作用，体现了技术工作的重要性和不可替代性。一是及时发现了相关侦查线索。二是为确定涉案数额提供了直接的依据。▲

王某巨额财产来源不明案中的利息测算

司法会计在经办巨额财产来源不明案件中，经常会遇到测算嫌疑人家庭合法收入产生的利息的委托要求。目前，由于国家无相关规定具体测算方案，这就要求司法会计需根据案件现有资料设计方案，精准计算，既能满足案件的需要，解决办案部门的具体问题，又能被嫌疑人接受，经得起时间的检验，保证公平正义，维护法律效果和社会效果的统一。

文 | 山东省人民检察院　　纪红梅　赵新安　秦蕾

一、案例背景

该案犯罪嫌疑人为副省级领导干部，知名度高、社会影响大，测算其家庭合法收入产生的利息为嫌疑人本人提出，测算出的数额能否最大限度符合客观实际并被嫌疑人接受，关系到该案的顺利起诉。

二、案情简介

王某因涉嫌受贿罪被立案侦查，侦查部门扣押的王某家庭财产有 1700 余万元，查实的受贿金额为 700 余万元，扣除其家庭合法收入 170 余万元，王某尚有 830 余万元巨额财产不能说明来源，涉嫌巨额财产来源不明罪。王某及其属均提出，长期以来其家庭收入扣除支出后被其家属存入银行，"历次转存过程中，都是把上次的利息和本金混杂，重新存款，扣押的财产里肯定有合法收入的利息，但存款情况及利息数额说不清楚"。

三、测算要求

该案的测算要求比较明确，未经修正，即测算 1964 年以来王某家庭合法收入扣除其家庭支出后的存款利息。

四、测算方案

该案中，反贪部门提供了《关于王某及其家庭收入和支出调查情况的报告》以及王某巨额财产来源不明罪卷宗。相关材料证实，王某家庭从 1964 年 4 月至 2005 年 9 月工资、奖金、做生意、收稿费、接受遗产等收入合计人民币 1785114.48 元，家庭消费等支出合计人民币 309067.29 元。

查阅以往利息计算的案例，在检验情况不确定时，往往采取刑事诉讼中有利于嫌疑人的原则，如利息计算中当年的收入视为在年初即已全部取得，按整年计算利息；遇到人民银行调高存款利率的情形，则本年的存款利息按调高后的利率计算；有不同存款利率时，采用较高的利率计算。上述计算方法，虽然符合刑法惯例，但往往与客观事实背离较大。

为取得第一手检材资料，鉴定人配合送检部门前往中国人民银行调取了 1964 年以来利率变动表、1988 ~ 1998 年通货膨胀期间开办保值补贴储蓄存款、1999 年开征利息税等与利息计算有关的文件资料。1964 年至 2005 年人民币储蓄存款有活期储蓄、整存整取定期储蓄、零存整取定期储蓄、华侨人民币储蓄、协定存款、定活两便存款、通知存款等类型，涉及活期、三个月、半年、一年、二年、三年、五年、八年 8 种存期。根据中国人民银行《关于开办人民币长期保值储蓄存款有关问题规定的通知》，各银行从 1988 年 9 月 10 日开始，对城乡居民个人三年期以上（含三年）定期储蓄存款实行保值贴补；我国从 1999 年 11 月 1 日开始对储蓄存款利息征收个人所得税。

针对该案合法收入存款无详细资料、存款期间跨度长（42 年）、涉及储蓄品种多（七大类 15 个品种）、利率变动大（变动最大的年份一个品种执行过四种利率）、计算情况复杂（涉及保值补贴、扣税等问题）的特点，鉴定人认真研究相关文件，反复计算、比对和论证，研究制定方案如下：首先，确定嫌疑人家庭合法收入的范围及收入取得时间；其次，确定嫌疑人家庭支出范围及发生时间；再次，对每年度收支差额选择合适的利率计算利息；最后，对以前年度存款及利息选择符合实际的方法结转至以后年度计算利息。

五、测算过程

（一）家庭合法收入的确定

通过查阅卷宗、阅读反贪部门提供的《关于王某及其家庭收入和支出调查情况的报告》得知，侦查人员依据人事部门提供的王某及其家庭成员简历、出国经历等线索，对王某家庭合法收入进行了计算，范围包括应发工资、奖金、福利费、出差补助、出国补助及单位发放的其他收入。收入依据王某家庭成员各自单位的会计凭证，因年代久远，会计凭证丢失、销毁的，以相关收入证明为依据。因上述收入计算不包括稿费收入、讲课费收入、经商收入、房租收入、投资收益等特殊收入，在审核并认可该报告的前提下，鉴定人又结合本案卷宗有关证明材料，把王某家庭合法收入在调查报告的基础上加入做生意、收稿费、接受遗产、投资收益等收入。

（二）家庭支出的确定

对家庭支出的确定也主要依据反贪部门提供的《关于王某及其家庭收入和支出调查情况的报告》。报告依据当时、当地城镇居民抽样调查的家庭消费平均支出，乘以王某家庭成员数，统计出各时期王某家庭消费支出数额。无法取得城镇居民抽样调查数据的（王某先后工作、居住过几个城市，个别地市未进行抽样调查），依据同类城市当时城镇居民抽样调查的家庭消费平均支出进行计算。

查阅相关资料发现，城镇居民家庭抽样调查中的家庭消费支出包括以下八大类：食品、衣着、家庭设备用品及服务、医疗保健、交通和通信（不包括购车）、娱乐教育文化服务（不包括留学费用）、居住（不包括购房和建房支出）、杂项商品和服务。王某卷宗材料证实的购房、购车、出国留学等大项支出，未纳入支出统计范畴。

因此，在进一步审核反贪部门调查报告的基础上，鉴定人将王某家庭购房、购车、出国留学等项支出，按实际发生时间列入支出项目。

（三）测算利率和测算方法的确定

在众多储蓄利率中，采取何种利率计算能使结论更加符合实际，是鉴定人本次鉴定需要解决的一道难题。在测算过程中鉴定人发现，由于收入期间跨度长、储蓄品种利率差别较大，王某家庭合法收入按活期储蓄利率计算，利息仅几万元，而按利率最高的八年期整存整取利率计算，利息竟高达几百万元，利息收入是本金的两倍，明显背离实际。

取证过程中，通过与银行有关人员交流发现，一年期整存整取储蓄存款利率，在各大类存款利率中，基本处于平均水平，银行也经常用其分析利息情况、研究利息发展趋势。但侦查部门无法取到一年期整存整取储蓄存款利率代表平均利息水平的银行证明，而依据简单平均、加权平均的方法计算各年度平均利率，计算结果与一年期整存整取储蓄存款利率水平大体相当。而且采用平均利率法与反贪部门对王某家庭消费支出的计算方法相吻合，结论比较符合实际，也便于被

采信。经多方论证，鉴定人最终确定了依据送检数据，采用平均利息水平，每年计息一次，按复利计息的测算方法。

（四）实际测算

1.假定：由于该案无存款情况的详细资料，不符合司法会计鉴定的一般条件，需要增设假定条件，假定王某家庭合法收入扣除其家庭支出后全部存入银行。

2.测算利率：以 1964 年至 2005 年每年的人民币储蓄存款平均利率为利息测算依据，即某年人民币储蓄存款若出现不同类型和存期的 n 种利率，则将 n 种利率相加之和除以 n（简单平均法），求出年度平均利率。

年度平均利率计算过程中，遇有某种存款利率在一年内发生多次调整，则以该种存款当年的加权平均利率作为年度平均利率的计算依据。比如某种存款当年执行过 A、B 两种利率，其加权平均利率 =（A 利率 × 执行的天数 +B 利率 × 执行的天数）/ 365 或 366 天。

3. 当年收支差额的利息计算：由于工资、奖金等收入以及消费支出每年 1 月至 12 月陆续发生，送检材料亦只统计到发生年度，未统计月份。因此，对当年收支差额的计息期采取折中的办法按半年计算（年初和年末计息时间相加除以 2），即当年收支差额应计利息 = 当年收支差额 × 利率（年利率）× 6/12。对扣押存单或查证属实的存款资料，应据实计算利息，并将上述发生金额从当年的收支差额中扣除，以防该项资金重复计算利息。

4. 测算方法：与年度收支相对应，每年计息一次，按复利计息，计算公式为：

第一年利息 =〔（第一年收入 – 第一年支出）× 6/12– 当年查实存款 × 存款月数 /12〕× 当年平均利率。

第二年及以后年度利息 =〔以前年度收支差额合计 + 以前年度利息合计 +（当年收入 – 当年支出）× 6/12– 以前年度查实存款 – 当年存入查实存款 × 存款月数 /12〕× 当年平均利率。

5. 保值贴补率：根据中国人民银行对保值储蓄存款利息计算的相关规定，1988 年至 1998 年实行保值贴补储蓄期间，三年期以上（含三年）整存整取定期储蓄存款收益率 = 存款金额 × 存期（以年为单位）×（年利率 + 年保值贴补率）。送检资料中，1988 年 10 月至 1997 年 4 月中国人民银行公布的年保值贴补率每季或月各不相同（1997 年 5 月至 1998 年 6 月贴补率为 0），鉴定人按照上述平均利率的计算方法，计算出 1988 至 1997 年平均保值贴补率。计算 1988 年至 1997 年三年期以上（含三年）整存整取定期储蓄存款利息时，年度平均利率须加年平均保值贴补率，再进行相关计算。

6. 个人所得税：根据税后存款利息 = 税前存款利息 ×（1–20%）的公式，对送检资料中的存款利息进行扣税计算。

依据上述原则，计算出 1964 年至 2005 年各类型、各年度人民币储蓄存款加权平均利率，1964 年至 2005 年各年度人民币储蓄存款平均利率，根据上述利息测算方法及年度平均利率，测算出 1964 年 4 月至 2005 年 9 月王某家庭合法收入扣除其家庭支出后应得的银行利息数额（若有据实计算的利息，应将测算利息与据实计算的利息合计）。

六、测算结果表述

由于该案增加了假定条件，采用了设定的计算方法，因而其测算结果不属于一般意义上的鉴定意见，若使用鉴定书来表述测算结果，容易引起使用者的误解。为了解决这一问题，鉴定人采用了《司法会计测算书》作为测算结果的书面承载形式。文书格式为：首部、绪言、测算依据、测算方法、测算结果、尾部，对利息测算的详细数据采用附表集中表达。

七、测算效果

该案司法会计利息测算书发出后，鉴定人采用的利息测算方法和测算结果得到办案人员、嫌疑人及其家属的一致认可，该案开庭审理时，辩护律师小木提出任何异议，所出具的文书被法庭作为证据采信。之后，该利息测算方法被广泛应用，均取得良好的效果。

推荐理由

　　司法会计在经办巨额财产来源不明案件中，经常会遇到测算嫌疑人家庭合法收入产生的利息的委托要求。目前，由于国家无相关规定具体测算方案，这就要求司法会计需根据案件现有资料设计方案，精准计算，既能满足案件的需要，解决办案部门的具体问题，又能被嫌疑人接受，经得起时间的检验，保证公平正义，维护法律效果和社会效果的统一。本案涉案存款具有无详细资料、存款期间跨度长、涉及储蓄品种多等特点，鉴定人认真研究制订方案，最终测算出利息收入，并被法庭采信。▲

运用会计电算化查账技术成功破获贪污案

随着会计电算化的普及，司法会计人员要注重手工查账和计算机查账相结合，既不能盲目依赖电子证据，也不能一味固守手工查账。在查办此类案件中，侦查人员要借助电子数据专家的力量，综合运用多方手段从电算化会计系统中获取证据，为司法会计检验鉴定提供检材。

文 | 上海市人民检察院　　曹怡　王菁　沈红

一、案情简介

阮某某原系上海某一医院的电脑收费员，由于专职财务，又擅长电脑技术，阮某某在工作中很快发现并盯上了医院电脑收费系统管理方面的漏洞，频频利用计算机"挤出"钱款予以侵吞。他采取的方法是：当自费病人来高额结账付费时，他在收费开票过程中，将存根联进行空白处理并作退费记号，接着物色缴费的医保病人下手，预留其 IC 卡划卡时的基本信息，粘贴到上述自费病人的存根联上，造成原存根联上是医保病人付费的假象。然后盗取电脑权限擅自进入医院计算机信息系统门诊收费数据库，删除有退费记号的自费病人的记录，用自己伪造的医保病人的记录予以替代，最后根据电脑中修改后的纪录打印出日报表到财务部门上缴医疗款。就这样，阮某某通过采取 1 张发票 2 人使用的办法，将自费病人支付的大额现金减去"医保病人"的小额自负现金后的差额侵吞。由

于这一方法隐蔽性高，几乎不留痕迹，阮某某作案频频得手，从最初的偶而为之，发展到最后竟然连续 8 个月天天作案，多则 700 元少则 70 元，俨然把医院的收费窗口变成了自己的私人提款机。

二、受案原由

上海浦东人民检察院反贪局接到实名举报，称某医院电脑收费员阮某某月收入不过千元左右，可是每月的开销却高达 5 千至 6 千元，收支不匹配，有贪污医院医疗费收入的嫌疑。这封举报信引起了检察院的注意，但从随信附上的一部分检举材料来看，证据并没有确切的指证效力。反贪局随即对此展开调查，通过涉案单位主管局的纪检部门随机调取了医院财务科保存的有阮某某经手的医药费收据存根联和相应的解款日报表，经审查核对没有发现实质性问题，与此同时在纪委出面找其谈话过程中，阮某某一直"零口供"不予配合。考虑到阮某某精通电算化

会计，熟练掌握医院收费软件的内部逻辑和控制方法，并且有犯罪前科，具有一定的反侦查能力，同时去医院就医的自费病人流动性大、取证不易，为此院反贪局请求技术部门的司法会计在线索初查阶段介入调查，运用会计电算化知识和查账技巧参与对线索的评估，找出突破点。司法会计介入该线索后，即和反贪局共同商量研究，调取了该医院多个时间段的电子收费数据和相应的纸质发票存根，经检查核对、统计分析，从中发现在医院的正常收费情况下，阮某某的现金收费数全部低于同期该院收费员的平均现金收费数。同时司法会计又对阮某某经手的收费系统内的多个数据库进行勘验比对，发现总库和多个明细库之间的金额、编码不平衡，会计勾稽关系遭到破坏。由此分析确定阮某某有利用电脑收费系统贪污现金医药费的犯罪嫌疑。反贪局据此成功突破该案并通过立案搜查顺利获取阮某某为贪污而制作的15份阴阳发票。

三、技术审查

会计电算化系统的犯罪具有很强的隐蔽性，作案者大多通过对程序和数据这些无形信息的操作来实现其犯罪的目的，其中篡改输入和输出、篡改数据库文件是操作过程中较易实施的犯罪手法。本案中的难点是作案手法的揭示和犯罪证据的提取，两者相辅相成，不可或缺。由于本案中的嫌疑人阮某某精通电算化会计，对医院收费系统中会计数据的采集、记录、编码、检查、转换等环节的流转过程、结构设置比较了解，也清楚哪个环节较薄弱容易侵入，特别是他对自费病人不易找寻的特点拿捏得很准。因此司法会计认为突破本案的关键点应放在犯罪活动的现场，因为犯罪行为离不开一定的时间、地点和条件，其遗留下来的状态特点是客观存在的，医院的财务和电脑部门是获取证据的重要来源。为此司法会计深入到该医院的电脑机房、收费窗口和财务仓库，熟悉收费流程、解款步骤和医保、现金的付费规定，着重从会计学的角度解读门诊收费系统的数据库结构及其库与库之间的关联性，深入分析在动态状况下不同时点数据之间的平衡关系，并根据该院计算机系统设置的每笔医疗费的输入都会同时录入明细库和总库且产生同一流水号的原理，终于在复杂庞大的多个数据库中捕捉到由"阮某某"操作的明细库中的流水号连续不缺漏，而总库中的流水号有缺号、跳号等现象，总库存在明显被修改而缺漏数据的痕迹。

四、主要做法

立案之初，阮某某只初步交代了利用计算机开具阴阳发票进行贪污的基本作案手法，而对于具体如何开具、侵吞了多少金额则一概以时间跨度长、操作复杂讲不清为由而拒绝交代。由于该案涉及的金额复杂零碎，侵占的对象又都是流动性极大的自费病人，因此寻找证人工作不易，获取关键证据——发票联更是难上加难，为此该案的证据采集工作一度曾无从下手。

为此司法会计采取了驻守医院搜寻答案的方法，经过几周不懈的努力，终于捕捉到了犯罪信息，该院门急诊电脑收费系统中收费大类总库遭恶意破坏的痕迹浮出了水面。为了验证痕迹发现的准确性，体现取证的科学精神，司法会计以反贪搜查得到的 15 份阴阳发票为样本，以未被修改的门诊诊疗明细库为基础，对数据异常的收费大类总库进行比对和恢复测试，最终发现两大数据库中的异常数据显示规律与阮某某交代的作案手法完全吻合，即在电脑中先删除再替换医疗费金额、并制作 1 份发票 2 人使用的做法，达到于无形中贪污有形资金的目的。

数据测试成功后，在侦查人员的指挥下，司法会计立即与计算机专家联合，将收费系统中的数据库设置、数据输送特点及测试中运用到的数据连结点和关联性——告知，要求计算机专家根据系统设置的每笔医药费输入都会同时录入明细库和总库、并自动产生同一流水号的原理，将两库流水号为连结点进行关联，编制电脑程序恢复遭删除的数据。

第一轮程序流转，计算机恢复数据 426 份，司法会计对此进行每份数据的手工分析核对，发现作废发票等多种不确定因素涵盖其中，为此要求计算机专家修改程序再次检测。经如此反复四、五次的电脑检测、手工核对、发现问题和程序修改，最终以发票形式打印出被阮某某篡改的阴阳发票联 340 张，认定缺失医疗费 53741.10 元，并据此作出了司法会计鉴定意见。

五、办案效果

该案在庭审阶段，司法会计所制作的司法鉴定报告被公诉人作为重要证据使用，同时，该案的被告人及其辩护律师对鉴定书中认定的各项数据均无异议，法官最终以此作为定罪的依据量刑。同时阮某某也从最初的抗拒抵触到最后的心悦诚服，认为检察院办案人员能实事求是、秉公执法，以科学、公正、客观的鉴定结论确保了司法公信力。

六、经验总结

利用电算化会计系统进行经济犯罪活动，无论是在作案时间、地址位置、侵犯对象、主体资格以及采用的手段方面都与传统的犯罪不同：一是作案时间短；二是作案方法隐蔽；三是作案人员智能化程度高。我们认为：

1. 电算化会计操作系统遵循的是财务会计账账相符、账证相符、账实相符的基本原理，一旦账与账不平衡，就会引起计算机系统内部出错。因此利用计算机进行经济犯罪活动必"留有痕迹"。

2. 对这类涉及计算机技术和于此产生的数据问题的罪证提取，需要与计算机专家密切联系，通力合作，充分运用会计学原理和电子证据技术手段进行鉴定。

3. 电算化会计的普及在给传统手工会计系统带来巨大冲击的同时，也给司法会计活动带来了诸多影响。在鉴证这类案件时，我们要注重手工查账和计算机查账相结合，既不能盲目依赖电子证据，也不能一味固守手工查账，要综合运用多方手段从电算化会计系统中获取证据。▲

民间"标会"方式非法集资相关数额的鉴定方法

本案是司法会计人员运用专业技术化解矛盾、平息群体性事件的典型案例，案件涉及资金收集繁琐复杂。在本案的办理中，司法会计人员找准案件的切入点，提炼出涉案资金流动的规律，推导出计算资金收支的公式，提高了工作效率，快捷地解决了技术难题，为司法机关快速平息群体性事件发挥了重要作用。本案的司法会计人员还根据办案过程中掌握的全国各地不同"标会"方式和运行结果情况，总结推导了同类案件检验鉴定相关计算公式，值得同行借鉴参考。

文 | 浙江省苍南县人民检察院   章宣静

一、案情简介

2004 年至 2008 年间，H 县 W 镇上至镇府机关工作人员，下至社会闲散人员参加了民间无业人员组织的"标会"活动。会首招集 10 人至 50 人不等参会，以高息为诱饵，通过招标方式从事营利活动。"标会"在 W 镇规模庞大，盛行数年，直至 2008 年 10 月前后，个别"标会"因资金链断裂而"倒会"，继而产生多米诺骨牌效应，引发大规模"倒会"。部分会首携款潜逃，一时间该镇秩序大乱，数千受害者冲击镇府机关、围堵国道线，到市、县政府部门上访闹事，案件震惊了浙江省委领导。按照省委领导的指示，H 县政府在指令公安机关抓捕"会首"的同时，抽调了各部门 100 多名会计人员收集整理"会单"，作为非法吸收公众存款或集资诈骗的犯罪证据。

二、受案原由

由于"会首"大多数是文盲或半文盲农村妇女，每个"会首"每年均组织几场至几十场大小不等的"标会"，已无法准确供述自己的犯罪数额，"会单"中只简单记录现金流量而没有记录司法机关需要的"集资数额"、"债权债务数额"和"集资获利额"等数据，这使得检察机关无法批捕起诉犯罪嫌疑人，有关部门也无法清理债权债务和追缴非法获利额。因此，本案委托鉴定的目的就是确认"会首"集资数额和债权债务数额。

三、技术审查

司法会计受理后对"会单"中的下列情况进行了审查：1. 开始实施时间；2. 运行结束时间；3. "会脚"人数；4. 股金数额；5. 每期投标利息；6. 中标次序。

四、主要做法

根据委托单位提供某会首的所有"会单"，在逐个审查"会单"的基础上，观察民间"标会"的运作模式和现金流动规律，本着磨刀不误砍柴工的打算，认真研究民间"标会"

方式下集资数额、债权债务数额和集资获利额的计算公式,快速得出鉴定结论,满足委托单位和有关部门达到快捕快诉和快速处理的要求。笔者现以其中一张"会单"为例,推导证明"标会"方式集资数额和债权债务数额的计算公式。

(一)H县W镇李某"月标会"会单

本会会首:李某,共10股(含会首),股金3000元,从2008年3月7日起至2008年12月7日止。自2008年3月7日开始,每个月标会一次,定于每月7日下午3:30整在会首家按时标会,不按时到者一律作弃标,会员务必在当月7~15日内交清会款,中标者于16日晚随带私章到会首家领取会款。各期标息中标情况见表1:

首先观察分析现金流动规律:

该"会"至2008年10月因资金链断裂而发生倒会,会首及会脚的现金流量情况计算如下:

会首李某:2008年3月7日收到9个会脚交来的第一期股金,每个会脚交纳3000元,现金总流入3000×9=27000元;此后应该于每月7日分9期等额偿还,每期偿还3000元。但该会运行至第6个会脚后发生倒会而中断,实际偿还6期,现金总流出3000×6=18000元,现金净流量为27000-18000=9000元。

会脚①:以当期1160元的最高标息中标。中标后收到会首偿还3000元,另外收到序号为2至9的8个会脚每个会脚交纳的1840元(3000-1160),现金总流入3000+(3000-1160)×8=17720元;现金流出情况:交给会首第一期股金3000元,中标后每期偿还3000元,从第2期开始至第6期止共5期偿还会款3000×5=15000元,现金总流出为3000+3000×5=18000元;现金净流量为17720-18000=-280元。

会脚②:以当期1000元的最高标息中标。中标后收到会首和会脚①各偿还3000元即3000×2=6000元,另外收到序号为3至9的7个会脚每个会脚交纳的2000元(3000-1000),现金总流入为3000×2+(3000-1000)×7=20000元;现金流出情况:交给会首第一期股金3000元,交给会脚①中标时的会款1840元(3000-1160),中标后每期偿还3000元,从第3期至第6期止共4期偿还会款3000×4=12000元,现金总流出为3000+1840+3000×4=16840元;现金净流量为20000-16840=3160元。

其他已中标会脚现金流量计算方法以此类推。

会脚⑦:因尚未中标就发生倒会,所以现金流入为0,交纳给会首第一期股金3000元,交纳给会脚①至会脚⑥的会款分别为1840元(3000-1160)、2000元(3000-1000)、1920元(3000-1080)、1870元(3000-1130)、1791元(3000-1209)、1693元(3000-1307),

得标序号	姓名	标息	日期	得标序号	姓名	标息	日期
0	会首	0	2008-3-7	5	会脚⑤	1209	2008-8-7
1	会脚①	1160	2008-4-7	6	会脚⑥	1307	2008-9-7
2	会脚②	1000	2008-5-7	7	会脚⑦		
3	会脚③	1080	2008-6-7	8	会脚⑧		
4	会脚④	1130	2008-7-7	9	会脚⑨		

表1

(注:得标序号系笔者根据中标顺序重新整理,姓名以会脚序号代替)

上述现金流出合计为 14114 元；现金净流量为 0-14114=-14114 元。

会脚⑧和会脚⑨的现金流量情况同会脚⑦，通过上述计算后，该会的现金流量情况见表 2。

（二）李某"月标会"现金流量表

单位：元。

从上例中我们可以归纳出该种标会的现金流量规律：会首实收会款为股金与会脚人数之积，以后分期等额偿还，收付会款与各标利息无关；各会脚除首次付款外，中标后的会脚每期按股金付款，中标前的会脚每期按股金与当期标息之差付款；当期中标者按会首、已中过标的会脚和未中过标的会脚应付款之和收款。现金流量最终结果为：现金流入合计等于流出合计；现金净流入合计等于净流出合计。

从民间标会的运作模式看，会首的作用是收取每期会款，然后全部交给中标者，其行为相当于吸收民间公众存款，再贷给或还给中标者，而会脚之间没有发生直接借贷关系。因此，会首实质上就是民间标会方式下非法集资的犯罪嫌疑人，其集资数额就是上述表 2 中会脚①至会脚⑨现金流出的数额，亦即表 2 中现金流出列合计数与会首现金流出数的差额；所有会员的债权债务数额就是上述表 2 中每个会员各自现金净流量额。

通过上述观察分析"标会"的现金流量规律，我们可以推导有关数额的计算公式。现假设集资数额为 S，股金为 A，会员的现金流入为 P、现金流出为 F，会脚人数为 M（M > 1），投标次数为 K（K < M），得标序号为 n（会首序号为 0），投标利息为 i（会首标息为 0），现金净流量为 Z。集资数额及债权债务数额的计算公式推导如下：

1. 集资数额的计算公式推导

由于会员之间现金流入与流出合计数相等，为减少公式推导步骤，该项公式推导以现金流入为基准。

中标会员（n ≤ K）的现金流入分别为：

会首：每个会脚交纳第一期股金为 A，共 M 个会脚，收到会款为：

$P_0 = M \times A$

每期偿还 A 元，共偿还 K 期，现金流出为：

得标序号	姓名	标会日期	投标利息	现金流量		现金净流量	
				流入	流出	净流出	净流入
0	会首	2008-3-7	0	27000	18000		9000
1	会脚①	2008-4-7	1160	17720	18000	280	
2	会脚②	2008-5-7	1000	20000	16840		3160
3	会脚③	2008-6-7	1080	20520	15840		4680
4	会脚④	2008-7-7	1130	21350	14760		6590
5	会脚⑤	2008-8-7	1209	22164	13630		8534
6	会脚⑥	2008-9-7	1307	23079	12421		10658
7	会脚⑦				14114	14114	
8	会脚⑧				14114	14114	
9	会脚⑨				14114	14114	
	合 计			151833	151833	42622	42622

表 2

F0=K×A

会脚①：收到会首偿还的会款为 A，未中标会脚为（M-1）人，每人交纳（A-i1）元，收到会款为：

P1=A+（M-1）×（A-i1）=M×A-（M-1）i1

会脚②：收到会首与会脚①偿还的会款各为 A 计 2A，未中标会脚为（M-2）人，每人交纳（A-i2）元，收到会款为：

P2=2A+（M-2）×（A-i2）=M×A-（M-2）i2

会脚③：收到会首、会脚①和会脚②偿还的会款各为 A 计 3A，未中标会脚为（M-3）人，每人交纳（A-i3）元，收到会款为：

P3=3A+（M-3）×（A-i3）=M×A-（M-3）i3

以此类推，会员 n（n≤K）收到会款的通项公式为：

Pn=M×A-（M-n）in

未中标会脚(n＞K)的现金流入量均为 0，集资总额为所有中标者收到的会款总和与会首流出的现金之差，即：

S=P0+PI+P2+P3+…+Pn-F0

= M×A+M×A-（M-1）i1+ M×A-（M-2）i2+M×A-（M-3）i3+…+ M×A-（M-n）in-F0

=（n+1）M×A-[（M-1）i1 +（M-2）i2 +（M-3）i3+…+（M-n）in]-K×A

=（n+1）M×A-[M（i1+i2+i3+…+in）-（i1+2i2+3i3+…+nin）] -K×A

$=（n+1）M×A+\sum_{n=1}^{n}ni_n -M\sum_{n=1}^{n}i_n -K×A$（式 中 n=K）……………①

2.债权债务数额的算式推导

在倒会状况下，中标会员与未中标会员的现金流量计算方法不同。

（1）中标会员的债权债务数额

中标会员现金流入同上，现金流出为：

会首：每期偿还 A 元，共偿还 K 期，现金流出为：

F0=K×A

会脚①：交纳给会首第一期股金（A-i0）元，中标后每期偿还 A 元，共偿还（K-1）期，现金流出为：

F1=（A-i0）+（K-1）×A=K×A-i0

会脚②：交纳给会首第一期股金（A-i0）元，交纳给会脚①会款为（A-i1）元，中标后每期偿还 A 元，共偿还（K-2）期，现金流出为：

F2=（A-i0）+（A-i1）+（K-2）×A=K×A-i0-i1

会脚③：交纳给会首第一期股金（A-i0）元，交纳给会脚①会款为（A-i1）元，交纳给会脚②会款为（A-i2）元，中标后每期偿还 A 元，共偿还（K-3）期，现金流出为：

F3=（A-i0）+（A-i1）+（A-i2）+（K-3）×A=K×A-i0-i1-i2

以此类推，会脚 n(n≤K)现金流出的通项公式为：

Fn=K×A-（i0+i1+i2+i3+…+in-1）

中标会员的债权债务数额为他们各自现金流入与流出的差额，即：

会首的债权债务数额为：

Z0=P0-F0=M×A-K×A=（M-K）A

会脚①的债权债务数额为：

Z1=P1-F1=[M×A- （M-1）i1]-（K×A-i0）=（M-K）A+i0-（M-1）i1

会脚②的债权债务数额为：

Z2=P2-F2=[M×A- （M-2）i2]-（K×A-i0-i1 ）=（M-K）A+（i0+i1）-（M-2）i2

会脚③的债权债务数额为：

Z3=P3-F3=[M×A-（M-3）i3]-（K×A-i0-i1-i2）=（M-K）A+（i0+i1+i2）-（M-3）i3

以此类推，中标会员 n 债权债务数额的通项公式为：

项目	状况	贴现会（内标会、低标会）	贴水会（外标会、高标会）
集资数额	倒会 (n=K) 满会 (n=M)	$(n+1)M \times A + \sum_{n=1}^{n-1} n i_n - M\sum_{n=1}^{n-1} i_n - K \times A$	$(n+1)M \times A + n\sum_{n=1}^{n-1} i_n - \sum_{n=1}^{n-1} \dot{n} i_n - K \times A$
债权债务数额	未中标会脚（n > K）	$\sum_{n=1}^{k} i_n - (k+1)A$	$-(K+1)A$
	已中标会脚（n ≤ K）	$(M-K)A + \sum_{n=0}^{n-1} i_n - (K-n)in$	
集资获利额	满会	$\sum_{n=0}^{n-1} i_n - (M-n)in$	

注：n—得标序号，M—会脚人数，A—股金，i—投标利息，K—投标次数。

表3

$$Z_n = P_n - F_n = [M \times A - (M-n)in] - [K \times A - (i0+i1+i2+i3+\cdots+in-1)]$$

$$= (M-K)A + \sum_{n=0}^{n-1} i_n - (M-n)in \qquad （式中 n \leq K）\cdots\cdots\cdots②$$

其中：当 $Z_n > 0$ 时表示债务，当 $Z_n < 0$ 时表示债权

（2）未中标会员的债权债务数额

未中标会员的现金流入均为 0；现金流出为：交纳给会首第一期股金 A 元，交纳给会脚①的会款为（A−i1）元，交纳给会脚②的会款为（A−i2）元，交纳给会脚③的会款为（A−i3）元……交纳给会脚 K 的会款为（A−iK）元。现金总流出为：

$$F_n = A + (A-i1) + (A-i2) + (A-i3) + \cdots + (A-iK)$$
$$= (K+1)A - (i1+i2+i3+\cdots+iK) = (K+1)A - \sum_{n=1}^{k} i_n$$

即当 n > K 时，未中标会脚债权债务数额的通项公式为：

$$Z_n = P_n - F_n = 0 - [(K+1)A - \sum_{n=1}^{k} i_n] = \sum_{n=1}^{k} i_n - (K+1)A \cdots\cdots\cdots③$$

五、办案效果

司法会计根据上述推导的计算公式，既快速又准确完成了司法会计鉴定文书，达到了事半功倍的效果，鉴定结论全部得到法院的采信，使犯罪嫌疑人快速被判决，有关人员的债权债务很快得到清算，及时平息了群体性事件，得到了 H 县政法委书记作出的"司法会计功不可没"的高度评价。

六、经验总结

由于民间"标会"具有涉及面广、资金流动交叉复杂、受害人多等特点，往往会引起群体性事件，因此政府部门需要快速处理，司法部门需要快抓快捕快判，尽快平息群体性事件。但鉴定人员如果逐期逐笔计算集资数额、债权债务数额，必将耗费大量的时间，满足不了委托部门的需要。因此，运用公式法进行鉴定"标会"方式的集资数额和债权债务数额，不仅提高了工作效率，而且能够科学、准确、快捷地解决诉讼过程中的举证难题，节约司法运行成本。该案全部办结后，笔者在较为全面掌握全国各地不同"标会"方式和运行结果情况下，对"标会"方式的集资数额、债权债务数额和集资获利额进行系统推导，得出表 3 的计算公式，供同行参考。▲

声纹鉴定技术敲定"系列扬爆案"

文 | 最高人民检察院技术信息研究中心　　王宁敏

司法语音及声学是我国近二十年发展起来的一门新兴法庭科学分支学科，是随着科学技术发展而逐渐完善的学科体系。声纹鉴定（也称语音同一认定）是它的重要组成部分。由于现代通信技术的推广普及，电话深入各行各业、千家万户，同时违法犯罪分子利用电话进行犯罪的案件也与日俱增，特别是在绑架拐骗人质索取钱财、敲诈勒索、恐吓诽谤和爆炸等案件中更是大量、频繁地使用电话和录音，以致有人将使用电话进行犯罪的案件，归结成案件的一个类别，称为"电话犯罪"。

2011 年 5 月 5 日受北京市大兴区人民检察院的委托，对多起谎报"110"的报警人进行声纹鉴定。这是一起历时近半年、多次报警的系列扬爆案件，所以鉴定时除采用常规一对一比对检验外，同时还进行连贯性、多参量、并案的检测评判。

一、案情

2009 年 12 月 30 日 22 时许、2010 年 3 月 12 日 22 时许、2010 年 3 月 26 日 22 时许、2010 年 4 月 11 日 22 时许、2010 年 4 月 21 日 22 时许，分别匿名"110"电话举报称在大兴区旧宫镇旧忠路 9 号东门足疗保健洗浴中心（属北京市瀚金伯休闲娱乐中心）演艺大厅有人安放了雷管、炸弹等爆炸物，北京市大兴分局接到"有炸弹"的报警后，出动大量警力排查。其中大兴分局红星派出所工作说明证实：先后 5 次出警赶赴现场，出动警力 78 人，动用警车 20 辆，排查工作达 14 小时之久，均未发现可疑物品；大兴分局巡警支队出具的工作说明证实：涉爆勤务处出警民警 10 人次，警车 10 台次，涉警勤务处置共用 14 小时；大兴分局巡警支队警犬基地

出具的勤务记录：警犬基地赶赴现场进行搜查，共出动警力 22 人，警犬 12 条，警车 5 辆，均未发现异常。大兴分局治安支队出具的工作说明：上述时间接治安支队指挥中心在大兴区旧宫镇旧忠路 9 号东门布警，共出动民警 8 名，警车 4 辆，累计花费处理时间 8 小时，均未发现爆炸物，全为虚假报警。北京市瀚金伯休闲娱乐中心出具的证明：以上几次假警均给其造成不同程度的经济损失。其经理称：直接经济损失有 3 万元左右，间接经济损失包括职工工资、客源无法保证，而且频繁清场，对生意影响非常大，损失也不好估量。

警方虽出动了大量警力，但谎报"110"有炸弹的犯罪嫌疑人一直没抓着，询问被害方是否有仇人或与谁有矛盾，或生意上有竞争对手？均无明显线索发现。2010 年 5 月 10 日凌晨又有人报警说该洗浴中心有炸弹，民警一来，洗浴中心的经理就让服务生出去看看该中心周围有无可疑的人，结果发现有一车牌号为"KG6337"的银灰色夏利车停在洗浴中心南侧，里面开车的人是曾经来洗浴中心消费的客人，见服务生过来他就开车跑了。就在当天晚上和其后两天，即"2010 年 5 月 10 日 22 时 36 分"、"2010 年 5 月 11 日 21 时 51 分"、"2010 年 5 月 12 日炸弹"、"2010 年 5 月 12 日持枪"，大兴分局"110"的报警电话四次响起，均声称：有人要在晚上炸掉大兴区旧宫镇旧忠路 9 号足疗保健洗浴中心。显示来电均为：13241455380。警方怀疑是一人故意谎报，洗浴中心的经理和工作人员怀疑是开车跑的那人，经照片辨认那位开车跑了的客人 2009 年 12 月曾与洗浴中心服务员打架，此后就不许他进入洗浴中心了。

2010 年 6 月 8 日洗浴中心的工作人员发现了那辆车，即刻向公安机关举报抓获了嫌疑人。经调查犯罪嫌疑人卢某某，曾用名邱建权、邱明博、卢同宝，搜查其住处未发现 13241244644、13241455380 手机 SIM 卡，卢某某对谎报"110"有炸弹之事拒不承认，于是公安人员提取了嫌疑人卢某某的语音，送到了北京市公安司法鉴定中心。经与"2010年5月12日炸弹"的报警电话进行比对检验，出具的检验报告结果显示："2010年5月12日炸弹"录音文件与被告人卢某某重复说出的对应关键词片段，有两个关键词可信度在91.5%以上，倾向同一。

案件移送到大兴区人民检察院，由于定罪证据不充分两次退侦。究其原因："2010年5月12日炸弹"的报警没有出动警力封锁现场、疏散群众，也没影响该洗浴中心的正常营业等造成严重后果。就此次案件性质本身而言，只是一个谎报"匪警"违反治安处罚条例的案件。而过去4次（2009年12月30日~2010年4月21日间）报警电话造成严重后果的又没做司法鉴定，无法追究其刑事责任。

补充侦查后发现嫌疑人卢某某于2010年5月间，在北京市丰台区以5000元的价格购买了被盗夏利车，型号为TJ7131A，车架号为LFPX2APA645A44299，与被盗人李某某报案的银灰色夏利车型号、车架号一致，经北京市大兴区价格认证中心鉴定确认，该车价值17000元。案发后，涉案夏利车已扣押并发还被害人李某某。但对2010年5月12日以前的谎报电话仍无法认定。因此公安机关以被告人卢某某犯掩饰、隐瞒犯罪所得罪和犯编造虚假恐怖信息罪移送检察机关，检察机关仍因后罪证据不足，再次退侦。

再次补充侦查后准备对2010年5月12日及其以前的报警电话录音（检材）与嫌疑人语音（样本）进行同一认定。嫌疑人卢某某2002年因犯盗窃罪被北京市丰台区人民法院判处有期徒刑1年；2006年因犯销售赃物罪、非法持有枪支罪被北京市朝阳区人民法院判处有期徒刑2年的惯犯，具有很强的反

侦查能力，当公安机关再去提取嫌疑人语音时，他表现的极不配合，要么不张口，要么进行语音伪装，录制的样本语音几乎听不出字音变化，更别说听懂语句，整个十几分钟的录音基本上就一个音节"ba"。语音同一认定要求检材与样本不仅是相同的语句或词，且要有一定的量（三个语句或7~8个单词）才具备检验条件，所以市公安司法鉴定中心也无法再对此进行鉴定。

案件又一次移送到大兴区人民检察院，办案人员听说最高人民检察院司法鉴定中心是国家级司法鉴定机构，心想有无别的办法帮助解决这个难题。于是2011年5月5日将案件送到了最高人民检察院司法鉴定中心，要求对①"2009年12月30日22时许"、②"2010年3月12日22时许"、③"2010年3月26日22时许"、④"2010年4月11日22时许"、⑤"2010年4月21日22时许"、⑥"2010年5月10日22时36分"、⑦"2010年5月11日21时51分"、⑧"2010年5月12日持枪"、⑨"2010年5月12日炸弹"的匿名报警"110"电话录音与嫌疑人卢某某的语音进行同一认定。由于无法提取嫌疑人卢某某的语音，最高人民检察院司法鉴定中心建议将第①~⑧段电话录音作为检材，将第⑨段电话录音作为样本，对第①~⑧段录音进行并案检验，确定是同一人语音后，再与第⑨段录音进行语音同一认定。若上述结果仍是同一人的语音，再结合北京市公安司法鉴定中心出具的检验结果，同样也能认定嫌疑人的语音是卢某某的语音。

二、声纹鉴别

采用"语音同一认定方法(SPPD-A-1-2008)"进行检验。通过听辨找出检材与样本中相同的句子、短语，进行多音节、多参量的比对检验、

数据测量、统计和结果分析，评价检材录音中与样本录音中男性报警人的语音是否为同一人的语音。

将检材（①～⑧电话录音）和样本⑨均复制到VS-99语音工作站，分别对每个检材与样本进行辨听、视谱和分析检验。

（一）听觉鉴别

听觉检验发现，检材①录音为一名男性拨打"110"报警的电话录音，内容是报警人与一女性接警员的通话情况，时长约为50秒。样本录音为一名男性拨打"110"报警的电话录音，内容是报警人与一男性接警员的通话情况，时长约为3分19秒。检材和样本语音清晰，可供检验。

听觉对话者具有相当强的鉴别能力，听觉识别研究结论：声样长度2~3秒，对熟悉人正识率为92%~100%，对不熟悉人正识率为75%；对伪装语音（如话者改变语音或变调）的正识率下降为约65%，对耳语声的正识率只有56%~65%。如：1907年在美国佛罗里达州的一起强奸案中，当受害人听到被告人重复的两句话："我现在得到了你"、"我不要你的钱"时，立刻指认："就是他！"受害者的听觉鉴别被法庭接受，后来，这项判决在佛罗里达州的法庭和美国许多法庭当作一起承认听觉识别证据的法律适用判例。

（二）视觉鉴别又称定性分析

将检材和样本分别置于屏幕上下窗口、平铺，通过观察、分析检材和样本中相同的语句或短语："足疗保健洗浴演艺大厅"、"育龙家园小区东门"、"大兴区旧宫镇旧忠路九号"、"定时炸弹"等的宽带语图、韵律特征图和光标间功率谱图，发现其语音声学特征和声学模式符合很好。

（三）定量比对又称定量分析

检测上述检材和样本中相同的短语及语句声学特征参量的数值（包括共振峰参量、振幅曲线参量、基频曲线参量、音节时长、长时平均功率谱参量、长时平均声调参量），然后进行多参量的统计比对，其数据显示均符合同一人的语音特征。

（四）分析结果

根据听觉鉴别、定性分析，尤其是定量分析的结果，发现二者方言口音特征相同，并在语句的共振峰模式、声调模式、韵律特征、音节内和音节间的过渡特征上反映一致，符合同一人的语音特征。

按上述方法依次类推对检材②～⑧分别与样本进行比对检验，均认定同一。

结合本案特点：并案及分析论证。

按常规检验案件应该说可以结案，但鉴于本案为历时近半年的多次系列作案，故除每个案件一对一比对检验、分析外，方法上还采用了连贯性、多参量检验的并案处理。即采用定性分析及定量分析的方法进行归一分析论证，内容包括：1.单音节基频值、音强值比对；2.长时平均功率谱比对；3.长时平均功率谱斜率比对；4.长时平均声调谱比对；5.长时平均功率谱、长时平均声调数据比对。上述并案检验其图谱及数据情况结果显示：9个案件（8个检材，1个样本）声学特征的相对值、绝对值和平均值，均在同一人的变化范围内，即锁定了犯罪嫌疑人是卢某某。此为公诉部门对案件的定性和量刑都提供了科学依据。

历史上曾有连贯性的多参量案例报道：1944年7月21日，希特勒在他的普鲁士总部遭到暗杀。世人为之兴奋，但随之而来的是希特勒已经被杀死还是毫发无损的疑问。在德的英美间谍被指派去查明真相，可这需要很长的时间，并且这样的努力根本不可能成功。于是，美国组织有关科学家将希特勒

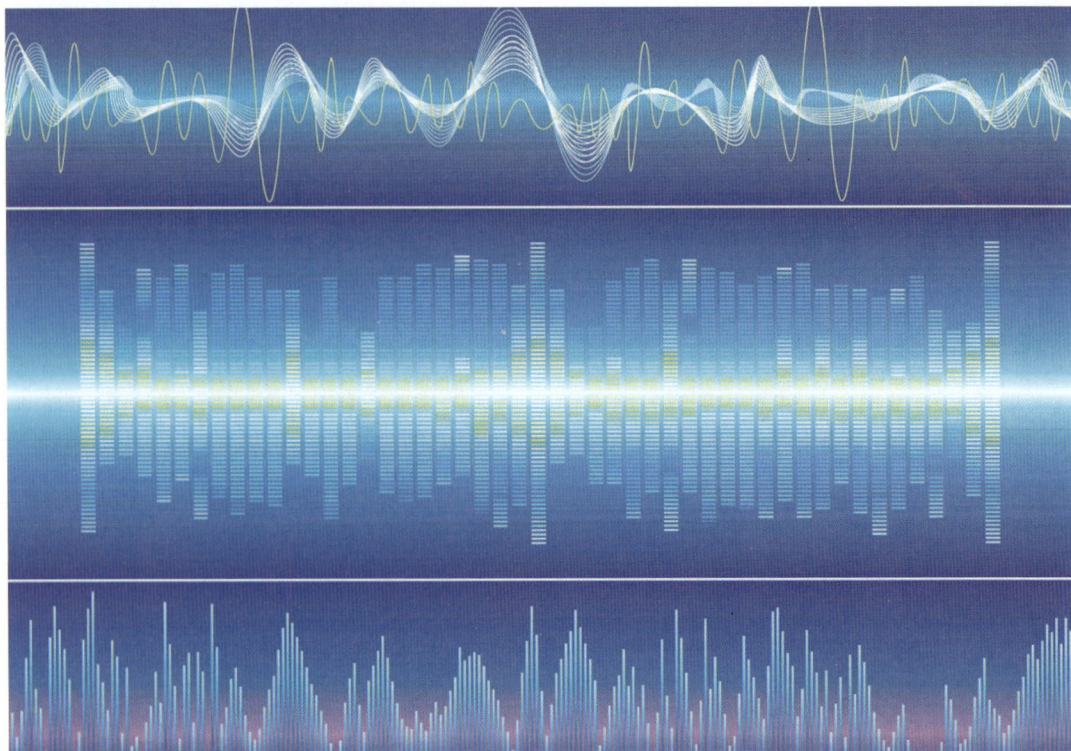

20世纪30年代到40年代的录音与现有录音进行了对比。在运用了听辨方法及所有的处理系统与设备，并分析了它们的结果之后，他们得出了结论：希特勒仍活着，且还在行使职权。后来情报部门证实了他们的结论是正确的。这是话者识别领域首次运用连贯性的多参量的探索。

三、定罪依据

《中华人民共和国刑法修正案（三）》第291条第1款："投放虚假的爆炸性、毒害性、放射性、传染病病原体等物质，或者编造爆炸威胁、生化威胁、放射威胁等恐怖信息，或者明知是编造的恐怖信息而故意传播，严重扰乱社会秩序的，处五年以下有期徒刑、拘役或者管制；造成严重后果的，处五年以上有期徒刑。"北京市大兴区人民法院刑事判决书（2011）大刑初字第508号判决如下：被告人卢某某犯编造虚假恐怖信息罪，判处有期徒刑2年；犯掩饰、隐瞒犯罪所得罪，判处有期徒刑1年，并处罚金人民币2000元。与前罪判决未执行完毕的罚金人民币5000元，数罪并罚，决定执行有期徒刑2年6个月，并处罚金人民币7000元。

被告人不服，提出上诉。北京市第一中级人民法院经二审认为：原审人民法院根据卢某某犯罪的事实、犯罪的性质、情节及对社会的危害程度所作出的判决，定罪、适用法律正确，量刑适当，审判程序合法，应当维持。卢某某的上诉理由缺乏事实及法律依据，本院不予采纳。依照《中华人民共和国刑事诉讼法》第189条第1项之规定，刑事裁定书（2011）一中刑终字第4596号裁定如下：驳回卢某某的上诉，维持原判。本裁定为终审裁定。

至此，这一编造爆炸恐怖信息，严重扰乱社会秩序的系列谎报"110"炸弹案，终于尘埃落地。▲

多次鉴定破解涉枪案之谜

文 | 山东省曲阜市人民检察院　　李学

一、简要案情

2008年8月，陈某某（山东省济宁市嘉祥县村民）伙同他人携带两支猎枪、一支手枪，两次对曲阜市境内的省级文物保护单位某村古墓进行盗掘，盗取青铜器一宗，部分文物被转手倒卖，致使国家众多珍贵文物损毁和流失，给国家历史文化遗产造成了难以估量的损失。侦查期间，市级公安机关对陈某某上缴的疑似枪支进行了鉴定，认为"陈某某所持有的自制单管猎枪为枪支，系以火药为动力进行发射且具有杀伤力。"一审期间，陈某某要求省级公安机关重新鉴定，后省公安厅出具了复核鉴定，认为"送检的嫌疑枪支是自制猎枪，不能正常联动，击锤是枪支完成射击的必要机件，已损坏而不能正常击发，不是枪支"。两种相左的鉴定意见促使法院又将案件退回检察院，公诉部门于

是委托技术部门对两份鉴定书进行技术性证据审查。经审查，技术人员在先后咨询了省院、最高人民检察院相关专业技术人员以及公安部刑侦局和治安局专家后认为，两份鉴定书均存在瑕疵，省公安厅的鉴定意见可能错误。遂出具了不同意山东省公安厅出具的物证复核鉴定书的审查意见，建议对疑似枪支进行重新鉴定。后经中国刑事警察学院物证鉴定中心对该疑似枪支进行鉴定认为"自制单管猎枪（仅缺少击锤簧），加装击锤簧后，能够以火药为能源正常发射制式12号猎枪弹，认定为枪支。"

二、案件特点

（一）案件中鉴定意见至关重要

陈某某盗掘古墓葬罪，事实清楚，证据确凿，无争议。但是否构成非法持有枪支罪，必须对上缴的疑似枪支进行技术鉴定，才能

确定是否有罪。如果鉴定是枪支，就要按盗掘古墓葬罪和非法持有枪支罪进行数罪并罚；如果鉴定不是枪支，只能按盗掘古墓葬罪单一罪名判决。

（二）枪支性能鉴定的标准在实务界存有争议

进行枪支性能鉴定的标准目前只有《公安机关涉案枪支弹药性能鉴定工作规定》（公通字〔2010〕67号），而公安系统内不同鉴定机构对该规定条文理解也不一样。

（三）省级公安部门否定了地级公安部门的鉴定意见

本案中，省公安厅出具了"不同意济宁市公安局出具的鉴定意见"，属于上级否定下级的复核鉴定。从技术层面上看，山东省公安厅肩负着全省疑难案件的鉴定任务，技术力量强大，鉴定人又都是全省的知名专家，有多年的办案实践经验。

三、技术手段在案件办理中发挥的作用

（一）坚持全面审查，不走过场

技术性审查，不能只停留在鉴定文书的纸面上，面对两份相反的鉴定意见要进行全面审查，弄清事实真相，不能盲目取舍。曲阜市人民检察院的技术人员全面检查了该枪支，仔细审查了上述两份鉴定书，并调取了当时该疑似枪支发射实验的视频资料，并让鉴定人员出具了该疑似枪支的补充检验说明，发现：该枪只是缺少击锤簧，而不是省、市两级公安部门鉴定意见认为的击锤损坏。

（二）坚持真理，不盲目相信权威

从技术层面上看，山东省公安厅肩负着全省疑难案件的鉴定任务，技术力量强大，鉴定人又都是全省的知名专家，有多年的办案实践经验。但本案的焦点主要是对"击锤簧"是否属于零部件的认定问题，不存在权威之说。

（三）要从讲政治的高度重视技术性证据审查

本案中，疑似枪支在陈某某身上带了 17 年，之间陈某某经常携带此疑似枪出现在盗墓现场，并且多次鸣枪恐吓看护人员。平时陈某某把疑似枪支的"击锤簧"拆下来放好，以防其他人误操作。击锤簧是否属于零部件，公安系统内部不同鉴定机构对条文的理解也不一样。这不是个案，而是代表了一类案件，必须作出明确结论。否则必将给济宁市乃至山东省公安机关办理此类枪支案件留下很大隐患。

四、通过案件办理所取得的技术创新

（一）制订了《曲阜市人民检察院关于检察技术部门与其他业务部门配合办案的工作制度》

该制度规定，对侦查机关移送的案件，涉及技术性证据资料的，一律移送技术部门进行技术性证据审查，杜绝审查随意化。同一案件对同一技术性问题有两个或者两个以上不同鉴定意见的，或者对鉴定意见理解不一致的，对案件中涉及的鉴定文书及出具文书所依据的材料、检验（查）报告等资料一并送交技术部门进行技术性证据审查。

（二）实行"鉴定案件承办人终身负责制"

开展"阳光鉴定"和"检验鉴定工作零上访"活动，严格办案责任，严格执法监督、严格落实错案追究制。

（三）制订了《曲阜市人民检察院办案说情报告制度》

制度规定技术人员在办案过程中，如果出现干扰办案情况，在规定时间内向有关领导报告，并同时向纪检部门备案。

五、法律效果和社会影响

（一）坚定了公安机关对涉枪案的打击力度

如果因为缺少一根弹簧或一个可以自由拆卸的零部件就不认定是枪支，定会影响对枪支的定性，势必引起社会上的不良反应，也违反了公安部下发《公安机关涉案枪支弹药性能鉴定工作规定》（公通字〔2010〕67 号）的初衷，必将给济宁市乃至山东省公安机关办理此类枪支案件留下很大的隐患。此案的办理，为下一步严厉打击此类涉枪案件提供了重要参考依据。

（二）通过办理此案，证明了无鉴定权威之说，只有坚持真理之说

坚定了基层鉴定部门的办案信心，为下一步办理类似枪支鉴定案件提供了依据。

（三）打消了陈某某逃避法律制裁的幻想

2013 年 12 月 20 日山东省曲阜市人民法院下达了刑事判决书：陈某某盗掘被确定为省级文物保护单位的古墓葬罪，并造成所盗文物的大量流失，其行为已构成盗掘古墓葬罪，判处有期徒刑 2 年，并处罚金 100 万元；其不符合配备、配置枪支的条件，违反枪支管理规定，擅自持有枪支，其行为已构成非法持有枪支罪，判处有期徒刑 1 年 6 个月。数罪并罚，决定执行有期徒刑 3 年，并处罚金 100 万元。当场服判，未上诉。▲

一例人体内检出多种毒物、毒品案

文 | 最高人民检察院技术信息研究中心

一、简要案情

2012 年 4 月 23 日，我中心受理一起江西省检察院送检案件。案情如下：2012 年 2 月 19 日，江西省南昌市东湖刑侦大队抓获贩毒嫌疑人何某，在东湖刑侦大队审讯期间，何某先表现出非常兴奋、语无伦次后出现精神状态萎靡，东湖刑侦大队干警将何某交由其朋友带至南昌大学第一附属医院检查。2 月 20 日凌晨，何某在南昌大学第一附属医院急救室治疗过程中死亡。

该案件涉及检材有死者何某的心血、尿、胃内容。从何某车中搜到白色粉末及烟叶。

二、检验过程

该案因东湖刑侦大队未向江西省人民检察院提供充分的资料：死者中毒症状、治疗及抢救措施等各种对毒物鉴定有指向性的信息，因此对于该案检验只能应用我中心已建立的毒物、毒品检验方法进行大范围盲筛，涉及项目包括农药、鼠药、安眠镇静类药物及毒品等。另外，死者为贩毒嫌疑人，因此在本案检验鉴定过程中重点对毒品进行筛查。

三、检验结果

经反复检验，从送检材料心血、尿、胃内容中均检出毒品 PMMA 、可待因、曲马多成分及酚噻嗪类药物异丙嗪；其中心血中异丙嗪的含量为 8.63 μg/mL、可待因的含量为 13.01 μg/mL、曲马多的含量为 8.99 μg/mL、PMMA 的含量为 5.18 μg/mL；在白色粉末中检出氯胺酮成分；在烟叶中检出四氢大麻酚、大麻酚、大麻色素、尼古丁成分。

由于此案检出毒物、毒品种类较多，且体内检出毒物、毒品种类与体外检材检验结果不对应；尤其是体内检出 PMMA 成分，在我国还尚属首次，经查阅文献以前未见报道；因此，

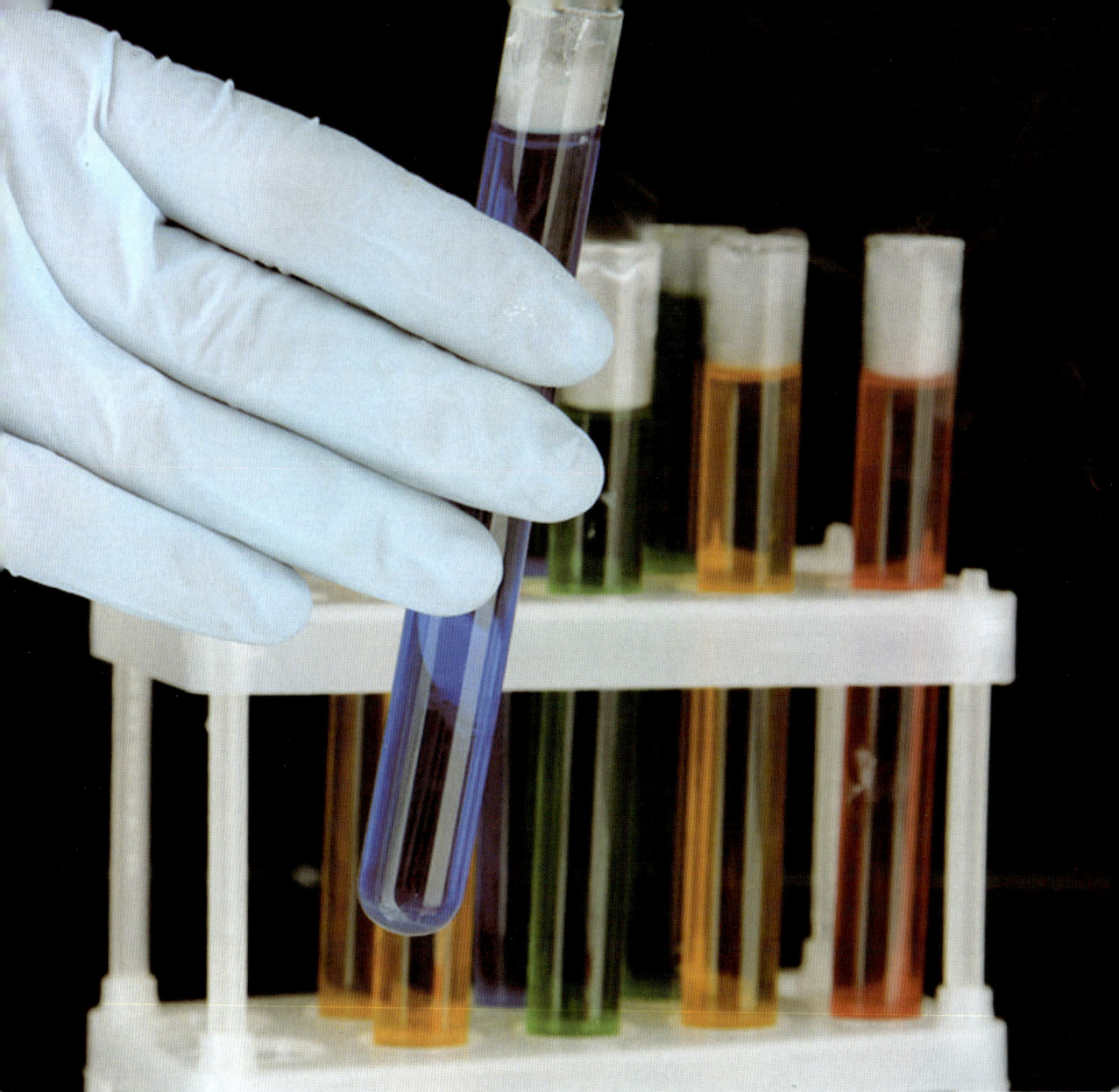

为避免该案错检，我们没有马上发出检验报告，而是进行了以下工作：首先排除检验环节污染的可能，其次我们又与送检单位取得了联系，希望获得进一步的信息。在此次沟通中得知该案在死者车中还搜到标明为"奶茶粉"的粉末，但未经送检，因此本案受理人员专门去送检单位将"奶茶粉"取回我中心进行进一步的检验。经检验从"奶茶粉"中检出PMMA、曲马多成分，这就与体内检出的部分毒品相吻合。但可待因与异丙嗪又是从何而来呢？尤其是作为酚噻嗪类药物的异丙嗪尚未见到与毒品类同时在体内检出的先例。因此，我们又做了进一步调研，经与一线禁毒公安干警了解，得知服用镇咳药物复方可待因糖浆是目前毒品滥用的一个新趋势，而可待因与异丙嗪正是复方可待因糖浆中的主要成分。这就对死者体内检出的所有毒物、毒品进行了合理解释。经过以上进一步检验和调查确证，我们最终才发出该案的检验报告。

四、启示

1.对于毒物案件检验，在受理过程中一定要详细了解情况，尽量有针对性检验，这一点不但对于避免漏检非常重要，而且对检验结果的合理解释也非常重要。本案在初次受理时由于送检单位未送检"奶茶粉"，造成了受理人对检验结果的困惑，以致不敢轻易将检验报告发放。

2.很多单位在进行毒物案件检验过程中，尤其是未知毒物筛查过程中只要出现某一毒物的阳性结果就结案，这往往会造成漏检，因为目前的毒物案件情况越来越复杂，往往一起案件会涉及多种毒物、毒品。

3.因毒物定量案件比定性案件工作量大数倍，送检人未提出定量检验的委托要求，一些单位往往只作定性检验，这种定性检验对于体内不可能存在的毒物如农药、鼠药等尚可接受，但对于临床药物及毒品，如送检材料中有血液检材，还是应尽量进行定量检验，以便于对后续的死亡原因判断起到应有的作用。▲

"二八"线索助亿元贪污大案成功破获

随着人们科技意识的不断提升，心理测试技术已经越来越多地被司法机关应用于案件侦破工作当中。近年来，人民检察院在具体办案中，通过借助心理测试技术，成功突破大案要案及疑难复杂案件的状况屡见不鲜。特别是在案件进入胶着状态、久攻不下的状况下，心理测试技术的介入，不仅能够提供关键线索，指明侦查方向，还能迅速瓦解犯罪嫌疑人的狡辩、抵抗心理，最终顺利实现案件的成功突破。

文 | 辽宁省大连市人民检察院　　毛书贵

一、情况综述

2005 年，辽宁省某国有钢铁集团以其下属某房地产公司名义，在原划拨给该集团作为工业用地使用的 2200 余平方米土地上，相继开发建设了"阳光花园"、"凤凰花园"项目。其间，时任该集团党委书记、总经理的韩某某选择大连某房地产公司充当合作方。2006 年下半年，韩某某以该房地产公司不能如期履行合同为由决定终止与该公司的合作，并于 2007 年 5 月转与港商钟某某进行合作。由于个人经济遭受损失，该房地产公司老总华某某向纪委部门举报韩某某为了达到个人非法获利目的，私下向其索取 1000 万人民币好处，以及 2006 年 5 月，以买房子为由向其索要了 95 万人民币的行为。

经过纪委调查发现，在韩某某与钟某某合作期间，钟某某以很低的价位，将集团下属的某房地产公司、相关土地使用权以及开发项目一并收购为其私人所有。同时发现，在 2006 年 12 月 18 日，韩某某曾以集团名义向钟某某借款 870 万元人民币，并以集团持有的非流通股股票 100 余万股作为抵押，致使钟某某在 2007 年 3 月该股票上市后直接获益 1800 余万元人民币。

2010 年末，此案移交大连某区人民检察院进行侦办，大连市人民检察院予以协查。其间，除了韩某某受贿 95 万人民币的证据，能够证明韩某某、钟某某在公司收购和股票转让过程中的犯罪证据一直未能获取。为了确保上亿国有资产能够及时追回，2011 年 9 月 16 日，省有关领导决定，在全省检察院、公安机关和案发单位纪委部门抽调 20 余人，组成专案小组（"9·16"专案小组）投入案件侦办工作。

因无新的证据提供，2011年11月，韩某某以受贿95万人民币被法院判处有期徒刑12年，剥夺政治权利2年。而港商钟某某却一直滞留香港，未受任何牵连。专案小组虽经多方调查取证，案件始终没有明显进展。于是，办案人员制定新的办案策略，决定先从某些案外人员进行突破。

办案人员发现，在韩某某因涉嫌受贿被检察机关调查期间，钟某某曾汇150万人民币给案外人周某，而周某很快从中提取70万替韩某某偿还他人"债务"。检察机关传唤周某，周某始终坚称这150万是钟某某欠其本人的"设计费"，70万是自己替韩某某还他人的钱。于是专案组特邀大连市人民检察院心理测试员对周某进行心理测试检验，确定周某的陈述是否真实。经过测试，心理测试人员认定周某称150万全部是"设计费"为说谎。最终周某承认150万系钟某某汇到其卡中，用于给韩某某疏通关系和帮助其掩盖相关受贿事实，与"设计费"毫无关系。考虑周某"证人"身份，办案人员决定暂不对其采取措施。

随后，办案人员又发现在韩某某被调查之前，钟某某曾先后给过其现金共计108万人民币。对此，韩某某辩称是借款，并表示钱已于2010年3月还给钟某某。继续追查发现，2010年1月韩某某的弟弟韩某曾向钟某某借了350万注册成立公司，并于2010年3月先后分三笔186万、108万、56万还清。其中一笔108万还款，韩某表示是替哥哥韩某某还的欠款，并给钟某某打了一张108万欠条。由于欠条的确系韩某亲笔书写，心理测试人员受托针对欠条的实际书写日期和内容真实性对韩某进行心理检测，测试结果显示：欠款事实不存在，欠条落款日期与书写日期非同一日。

最终韩某向办案人承认，自己把108万欠款转嫁自己身上是为了替其哥摆脱办案机关追查，同时承认欠条日期比实际形成时间提前，具体日期记不清楚。办案人员推断，钟某某和韩某某在国有资产转移过程中一定存在某种交易，该108万不排除是韩某某的部分利益所得，决定相关人员继续外围取证工作，并随时监视港商钟某某动向，对韩某予以刑事拘留。

2012年7月下旬，办案人员发现港商钟某某进入大陆，遂立即将其控制，并以"骗购外汇"名义将其拘留，但是钟某某到案后大呼冤枉，声称自己是帮助政府完成招商引资任务，不存在骗购外汇的动机和目的。称收购股票是因为韩某某所在集团当时没钱给工人开资，自己是应韩某某意愿向其出借870万人民币，作为交易该集团决定将持有的一份未上市股票抵给自己，自己当时并不知晓该股票能否升值，完全是为了帮助企业才冒险接受股票作为抵押；自己是根据和集团签订的协议除去借款等费用后，将剩余的1800余万归己所有。声称自己是在投资了1000万人民币后取得了该集团所属某房地产公司的54%股权，后来又投了1100万人民币才将该房地产公司股权及土地使用权和有关经营项目全部收购。

由于钟某某系港商且已经加入加拿大国籍，其身在香港的父亲及加拿大使馆人员通过各种渠道相继给办案部门施加了一定的压力。为了尽快侦破此案，专案组再次邀请大连市人民检察院心理测试人员介入，通过心理测试技术确定钟某某所言是否属实。

经过与办案人协商一致，心理测试人员首先从股票转让一事入手，将韩、钟二人是否存在对1800万股票收益进行分配作为"切入点"，对钟某某编制一组"分配比例"测试题："你和韩某某之间对股票收益存在比例分成吗？你们是按照一九分成吗？你们是按照二八分成吗？……"结果发现钟某某在听到"你们是按照二八比例分成吗？"问题时，生理反应急剧变化，三遍测试均是如此。测试结束后，当心理测试人员告知钟某某，测试显示其和韩某某之间对股票收益存在比例分配时，钟某某明显慌乱，表示自己是个愿意交朋友的人，希望心理测试人员在结论上网开一面，事后必定报答。然而心理测试人员并未被其所动，及时将测试结果告知了办案人员，并立即赶往看守所对韩某某进行心理测试检验。

起初，韩某某拒绝接受测试，称办案人这是意图把他置于死地。于是心理测试人员耐心地向其讲解了心理测试技术的科学原理以及应用该技术的有关法律依据，强调这项技术并非针对说谎者而为。最终，韩某某顺利接受了测试，结果同样在"你们是按照二八比例分成吗？"问题上反应强度明显。根据这一重要线索，办案人员立即制定了新的审讯方案，不久韩某某、钟某某二人均承认了他们事先决定对股票收益进行二八分成，韩某某占二，钟某某占八的犯罪事实。韩某某承认自己从中分得了900万元人民币。

经过进一步讯问，韩某某、钟某某二人又相继承认，在韩某某指使评估人员对集团下属某房地产公司、土地使用权及经营项目按成本价评估之后，钟某某以极低价格将上述国有资产收购为个人所有。并且二人事先达成韩某某从中占有20%暗股的事实。

至此，一起内外勾结、私分侵占亿元国有资产的特大案件，在心理测试人员和侦查人员的紧密配合下，成功告破。

2013年3月15日，大连市人民检察院依法对韩某某、钟某某二人以贪污罪，对钟某某以骗购外汇罪向大连市中级人民法院提起诉讼。

2013年12月24日，大连市中级人民法院依法对韩某某、钟某某作出判决，被告人韩某某犯贪污罪，判处无期徒刑，剥夺政治权利终身，并处没收个人全部财产；与前罪判处有期徒刑12年，剥夺政治权利2年并罚，决定执行无期徒刑，剥夺政治权利终身，并处没收个人全部财产。被告人钟某某犯贪污罪，判处无期徒刑，并处没收个人全部财产；犯骗购外汇罪，判处有期徒刑1年，数罪并罚，决定执行无期徒刑，并处没收个人全部财产。

二、案件启示

本案的一个重要特点，就是涉案人员手中掌握绝对权力，了解掌握诸多幕后信息，作案手段隐蔽、周全，明里程序"合法"，暗里私下交易。巧妙利用国家对外资企业的优惠政策，堂而皇之侵占国家巨额财产。利用外商身份，规避法律漏洞，导致案件取证难、定性难、侦破难。

此案的成功突破，不仅避免了国家重大经济损失，更维护了国家法律尊严。韩某某的重新定罪量刑，沉重打击了一些犯罪分子的侥幸心理，对当今社会具有极大的警示和教育意义。

心理测试技术的运用，对本案的顺利侦破起到了关键作用，"二八"线索不仅为办案人员指明了侦查方向，更对犯罪嫌疑人的心理防线起到了震慑和瓦解的作用。它的成功应用，充分体现了科技办案的重要性，充分证明"科技强检"的正确性和必要性，对检察技术与反贪等检察业务部门建立协作配合机制具有一定的指导意义。

推荐理由

本案例涉案金额巨大，严重损害国家和集体利益。涉案人员，官居要职，犯罪手段高超、隐蔽，并具有一定的反侦查意识，加之外商涉嫌共同犯罪，办案过程极其艰难。案件具有极大的社会影响力，属于重大、特大、疑难、复杂案件。

心理测试技术的应用，对本案的顺利侦破起到了关键作用，不仅提供侦查线索、指明侦查方向，而且节省大量人力、物力，使得多人经过近一年侦查无果的案件瞬间柳暗花明。在行业内获得较高评价，对树立检察技术的公信力发挥了积极的作用。充分体现了新技术、新方法在办案实践中的重要性和必要性。对检察技术与反贪等检察业务部门建立协作配合机制具有一定的指导意义。

该案例为本专业的典型案件，检验鉴定程序严谨，档案制作规范，具有较强的专业代表性和示范作用。▲

利用心理测试技术成功破获一起行受贿大案

2013 年山西省长治市屯留县人民检察院对任长治市某局纪检书记郭某受贿一案相关涉案人员进行了心理生理测试。通过心理生理测试以点带线，以线带面，牵出案中案和多名行贿人，使长治市"7·28"专案取得了圆满成功。

文 | 山西省长治市屯留县人民检察院　　赵娟

一、基本案情

办案部门接到线索初期，涉案材料比较模糊，只是泛泛地说嫌疑人郭某在支付工程款时吃了回扣等问题，并没有具体的线索。后经自侦部门分析认为，郭某身处要职，位高权重，极易被各方人员集中进行金钱攻势，该材料虽不详细，但不应轻易放弃。初查过程中，该单位某处的办公室主任讲了郭某通过他向施工单位借款 10 万元的事实，办案人员迅速将一施工单位负责人传唤，但得到的答案却是郭已将钱都退还，合认款又送给郭某。案件走进了死胡同，刚有的希望也给破灭，传唤时间已不多，没有了突破口案件查不下去，办案干警一筹莫展时，寄希望于心理测试技术介入来打开突破口。

二、心理测试技术介入

经初步了解案件，熟悉相关资料，就案件实际情况，对涉案人员进行了心理测试。采用单目标准绳问题测试法（CQT）以及犯罪情节测试法（GKT）进行测试。

（一）河道施工单位负责人师某

师某交代郭某确实向施工单位借款 10 万元，但同时说郭某已将钱都退还了，没有受贿事实。针对 10 万元是否归还的问题进行了测试。师某在相关问题上"钱是否已经归还"的反应强于准绳问题，属于说谎显示。测试结束后，测试人员将测试结果告知，办案人员立即对其进行讯问，师某在测试结束后承认了将 10 万元又送还郭某的事实，并同时交代出了另有一个施工队与他们共同承揽河道工程时也向郭某行贿。

师某涉嫌行贿事实的突破，使办案人员得以迅速传唤郭某到案，通过相关技术手段得知郭某身在江苏，办案人员了解到返程时间后，在郑州机场果断将郭某和同行的江苏施工队负责人王某截获。郭某到案后，十分不配合，态度恶劣，气焰嚣张，对河道施工单位负责人师某向其行贿的事实一概不认可。

同行的王某也不置可否，该案件再次陷入僵局。在此情况下，办案人员与测试人员商量是否可以对郭某与王某进行心理测试。测试人员经过分析得出：从王某与郭某同行去江苏来看，王某与郭某关系不同寻常，王某又是其施工单位之一的负责人，他们之间肯定不只是同行那么简单，可能存在利益关系，对王某进行测试获取线索的可能性比较大。郭某知道办案人员没有掌握其更多的受贿事实，所以百般抵赖，此时进行测试不利于案件的扩大，最终办案人员采纳测试人员的建议只对王某进行测试。

（二）施工单位负责人王某

王某曾因承担河道工程向郭某行贿，王某到案后并不承认其行贿的事实。针对王某是否行贿、行贿金额、行贿地点等问题进行测试。第一组准绳问题测试（CQT）中，王某在相关问题"你在本案重大问题上撒谎了吗"的反应强于准绳问题，为撒谎显示。第二组犯罪情节测试法（GKT）中，王某在相关问题"你给郭某送过钱吗"总体指标反应处于最强状态，处于说谎的特异反应。针对以上两组测试的结果继续采用未知紧张峰测试法（PQT）对王某进行测试，以确定送钱的金额和地点。第三组未知紧张峰（PQT）测试中，王某在相关问题"钱是在办公室给的吗"反应明显高于其他陪衬问题反应，处于知情显示。最终王某迫于强大心理压力的情况下，交代了其向郭某行贿共 100 余万元的犯罪事实。

师某与王某的突破对郭某造成很大打击，其态度逐渐转变，仍有些抵触，但已基本可以配合办案人员的工作，使得案件顺利进行，并有了更大突破，行贿人一个一个浮出水面。

（三）河道施工单位财务周某（女）

周某到案后极其不配合办案人员的工作，抵触心理很大，面对各类证据摆出一副死不认账的状态。测试人员通过详细了解被测人的个体情况和对案情的知情程度，发现其是位年轻女性，社会经验少，工作时间不长，利用这些小弱点，测试人员着重于测前谈话。谈话开始后，首先测试人员聊了一些与案件无关的话题，逐渐使周某紧张的情绪得到放松，与测试人员建立起信任关系，谈话进行到 40 分钟左右时，周某如实交代了该单位负责人让其给郭某送了一张卡内有 10 万元的事实，终使一起单位行贿罪得到突破。同时还交代出其还给住建系统另一位工作人员李某（另案处理）送了一张 10 万元卡。测前谈话的重要性在此案中也得到印证。

三、案件结果

2014 年 2 月 9 日，长治市纪委监察局召开新闻发布会。会上通报了去年以来全市各级纪检监察机关查办的违法违纪案件总体情况，重点通报了长治市某原党委委员、纪委书记郭某索贿受贿一案。山西日报、山西电视台、长治日报、长治广播电视台等省、市主要新闻媒体记者参加了会议。郭某一案共查办 7 人行、受贿，其中立查了一名副处级受贿 150 万元的大案，行贿案立查了 6 人（其中包含一起单位行贿），案件现在一审已经宣判，郭某犯受贿罪，一审被判处有期徒刑 11 年，其余几个行贿人均被判处缓刑，赃款 150 万元已全部追缴。

四、办案体会

（一）详细了解案件情况，吃透案情是测试成功的基础

在委托前，被测人的材料或证人材料一般都会有，作为心理测试员，首先仔细查看案卷材料，做到先掌握初步案情。实地了解

案情时，要边看边问，边思考边探讨。但要注意方式，注意个别进行，注意保密。还要尽可能详细了解嫌疑人的个人状况、背景、日常表现等。

（二）对被测人员、测试顺序、测试时间的选定，要注意方式，讲究策略

如果需要测试的人不多可以一天内集中测试完；如果需要测试的人较多可以分几批进行测试。在选择测试时间上，上午是人一天中精力最旺盛、注意力最为集中的时间段，测试效果较好。

（三）重视测前谈话，要把测前谈话作为整个测试工作的重点来看待

心理测试工作是人机结合的一种技术工作，实际上是人与人复杂的心理斗争，是测试员与被测试人斗智斗勇的一场"战争"。有了测试仪，只是有了硬件准备，关键还是测试员素质的提高。心理测试中一条工作原则，即"人机结合，以人为主"。以人为主，就是要充分发挥人的主观能动性因素。测前谈话的极致，就是未经上机测试，只经过测前谈话，被测试人就已经缴械投降。

（四）各种测试方法相结合

采用单目标准绳问题测试法（CQT）与犯罪情节测试法（GKT）相结合的测试方法进行测试较为有效。从实际工作中来看单目标准绳问题测试法（CQT）与犯罪情节测试法（GKT）相结合进行测试，可以互为印证，可以降低出现失误、无结论的可能。

推荐理由

本案是应用"心理测谎"技术协助查办职务犯罪案件的典型案例，充分体现出测谎技术在职务犯罪案件侦查中起到的作用。在本案的侦查过程中，一方面，承办人利用心理测谎技术确定犯罪嫌疑人是否有检察机关已掌握的犯罪事实，在测谎确定的犯罪事实基础上开展更有针对性的讯问，极大地推动了案件的侦破；另一方面，承办人利用测谎技术确定案件线索，延伸、扩展犯罪打击面和打击力度，一举突破多起案件，对惩治职务犯罪起到了重要作用。▲

图书在版编目（CIP）数据

检察技术与信息化 . 2014 年 . 第 3 辑 / 检察技术与信
息化编委会编 . -- 北京 : 中国检察出版社 , 2014.9
ISBN 978-7-5102-1259-8

Ⅰ . ①检　Ⅱ . ①检　Ⅲ . ①检察机关—工作—信息
化—中国 Ⅳ . ① D926.3-39

中国版本图书馆 CIP 数据核字 (2014) 第 188692 号

中国检察出版社

书　　名　检察技术与信息化 2014 年第 3 辑
ISBN 978-7-5102-1259-8

执行主编　赵志刚
责任编辑　陆志远　王佳语
美术编辑　尚夏丹
技术编辑　蒋　龙
出版发行　中国检察出版社
地　　址　北京市石景山区香山南路 111 号（邮编 100144）
邮　　箱　zgjccbsfxb@gmail.com
发行电话　（010）68650015　65680016　68650029　68686531
新浪微博　@ 中国检察出版社
印　　刷　北京墨阁印刷有限公司
成品尺寸　185mm×260mm
版　　次　2014 年 9 月第一版
印　　次　2014 年 9 月第一次印刷
印　　张　10.5
字　　数　223 千字
定　　价　29.00 元